Heinrich Kiepert, Otto Benndorf, George Niemann

Erläuterungen zu der dem Werke Reisen in Lykien und Karien

Heinrich Kiepert, Otto Benndorf, George Niemann

Erläuterungen zu der dem Werke Reisen in Lykien und Karien

ISBN/EAN: 9783743464827

Hergestellt in Europa, USA, Kanada, Australien, Japan

Cover: Foto ©ninafisch / pixelio.de

Weitere Bücher finden Sie auf **www.hansebooks.com**

ERLÄUTERUNGEN

ZU DER DEM WERKE

REISEN IN LYKIEN UND KARIEN

VON

O. BENNDORF UND G. NIEMANN

BEIGEFÜGTEN

SPECIALKARTE

VON

H. KIEPERT

Verlag von Karl W. Hiersemann
in Leipzig

1884

Als in Folge der unerwartet reichen Ergebnisse der im J. 1881 ausgeführten vorbereitenden Reise der Herren Benndorf und Niemann alsbald in Wien eine thatkräftige Vereinigung zur vollständigeren Ausbeutung ihres archaeologischen Gewinnes sich gebildet hatte, wurde mir, den langjährige Studien mit dem geographischen Theile dieser Aufgabe vertraut gemacht hatten, der ehrenvolle Auftrag, für die neue Expedition des J. 1882 zur leichteren Orientirung Kartenskizzen auszuarbeiten, in welchen alles bis dahin gewonnene Material vereinigt wäre. Die so entstandenen Blätter von Lykien und Karien, im Maasstabe von 1 : 400.000 entworfen und bei der durch die Umstände gebotenen Eile nur in autographischem Ueberdruck ohne Anspruch auf Eleganz ausgeführt, sind in einer kleinen Zahl von Exemplaren gedruckt worden und haben in den betheiligten engeren wissenschaftlichen Kreisen ihren nächsten Zweck erfüllt. So wurde denn auch wiederum nach glücklicher Durchführung der bei weitem ergebnissreicheren zweiten Expedition das von mehreren der daran theilnehmenden Gelehrten mit angestrengtem Fleisse gewonnene Material geographischen Inhalts mir zur Verarbeitung anvertraut, und eine Zusammenkunft mit den verschiedenen Autoren zu Wien im October 1883 gewährte die Möglichkeit, in mündlicher Besprechung manche noch obwaltende Zweifel zu lösen und eine befriedigende Zusammenpassung der verschiedenartigen Arbeitsergebnisse herbeizuführen.

Die aus dem sehr grossen Maasstabe dieser ersten Entwürfe in eine übersichtliche, jedoch noch alles wünschenswerthe Detail zulassende Grösse reducirte Karte hat selbstverständlich in Zeichnung und Stich wiederholt die genaueste Prüfung seitens der Autoren des Reisewerkes und überdies durch Herrn Benndorfs Theilnahme vielfache Bereicherungen mit kritisch festgestellten, aber früher übersehenen Thatsachen archaeologischer Topographie erfahren. Sie wird in dieser, immer noch erhebliche Vervollständigungen und Berichtigungen für die hoffentlich nächste Zukunft offenlassenden, aber gegen Spratts treffliche Leistungen vor vierzig Jahren schon einen mächtigen Fortschritt bekundenden Gestalt zunächst dem Reiseberichte selbst als Leitfaden dienen: ausserdem aber in vorliegender Separatausgabe auch den Interessen vieler an historischen und geographischen Studien betheiligten, denen das grosse Reisewerk unzugänglich ist, und vor allem den künftigen Reisenden und erhofften neuen Mitarbeitern auf diesem, nur durch Zusammenwirken vieler Kräfte zu bewältigenden Felde klarer bildlicher Veranschaulichung der Gestaltung eines Landes, welches den Gewinn einer planmässigen fachmännischen Detailvermessung erst von einer späteren Zukunft erhoffen darf.

Die kritische Besprechung alles für Construction des dargestellten Länderraumes verfügbaren Materials soll nun zunächst zeigen, wie aus der Thätigkeit weniger, aber gewissenhaft beobachtender Reisenden bereits ziemlich vollständige und grösstentheils gesicherte Resultate hervorgegangen sind, anderseits die noch immer in nicht geringem Umfange verbleibenden Lücken und Zweifel näher umschreiben, um die Aufklärung und Ergänzung durch fernere neue Beobachtungen zu erleichtern. Wenn namentlich das allgemeinere Bekanntwerden der bedeutenden Ergebnisse dieser letzten grösseren wissenschaftlichen Unternehmung für die nächste Zeit eine erhöhte Theilnahme befähigter Mitarbeiter auf einem so wenig ausgedehnten und verhältnismässig leicht erreichbaren Terrain erhoffen lässt, so wünschte ich eben solchen Reisenden bestimmter diejenigen Punkte zu bezeichnen, auf welchen ihre Thätigkeit, ohne sie anderen — archäologischen oder naturhistorischen — Zwecken zu entziehen, mit geringer Mühe auch dem oft genug, aber mit Unrecht vernachlässigten Felde geographischer Orientirung neue Thatsachen gewinnen und damit um die endliche Herstellung eines immer verständlicheren und richtigeren Bildes der merkwürdigen Landschaft sich Verdienste erwerben kann.

Neben den wenigen, seltsam genug auf die paar Jahre 1811/12, 1841/42 und 1881/82 concentrirten planmässigen Erforschungen, verdienen doch auch Erwähnung die nach Qualität und Quantität untergeordneten Bausteine, welche einzelne mehr touristische Reisende in den längeren Zwischenpausen gelegentlich geliefert haben, da sie beim Gesammtaufbau des Kartenbildes immerhin nützliche Verwendung finden konnten. Der so im ganzen langsam, dann wieder sprungweise erfolgende Fortschritt der geographischen Fixirung wird sich am deutlichsten aus einer Aufführung sämmtlicher verschiedenartigen Leistungen in chronologischer Folge herausstellen.

Die Schwerzugänglichkeit des hochgebirgigen Bodens und seine Abgelegenheit von den grossen Verkehrsstrassen erklärt es leicht, dass Lykien und das ähnlich beschaffene südliche Karien bis in unser Jahrhundert zu den so gut wie gänzlich unbekannten Theilen der grossen Halbinsel gehörten. Wenn d'Anville, im vorigen Jahrhundert der mit Recht anerkannte Meister der Kartographie, aus sehr unzureichenden Notizen einiger schon seit dem 17. Jahrh. bahnbrechenden europäischen Reisenden und den ebenso unbestimmten Andeutungen orientalischer und antiker Geographen einen trotz seiner grossen Mängel für jene Zeit bewundernswerthen Kartenentwurf der ganzen kleinasiatischen Halbinsel combiniren konnte, so mangelte ihm doch selbst jenes wenige so gut wie ganz für manche Theile seines Kartenbildes und namentlich für Lykien und Karien, deren Inneres bei ihm als reines Phantasiebild erscheint: selbst für die, den europäischen Seefahrern zwar stets zugänglichen, doch von ihnen in seiner Zeit fast weniger als in der Periode der Kreuzzüge besuchten Küstenränder stand ihm kein neueres Material zur Verfügung, als die vielfach stark verzerrten mittelalterlichen Compasskarten venezianischer Piloten. Auch die ersten Besuche französischer Schiffe gegen das Ende des Jahrhunderts (z. B. des Grafen Choiseul Gouffier, französischen Gesandten bei der Pforte, Besuch in Makri im J. 1786) haben der geographischen Kunde keinen Zuwachs gebracht. Wenn die um jene Zeit beginnende längere Kriegsperiode Europas eine fernere Vernachlässigung erklärt, so gab dieselbe später den Anstoss zu neuer Thätigkeit auf diesem Gebiete. Der britischen Marine, speciell einem Schiffe der seit der Wende des Jahrhunderts im Archipelagus sich bewegenden Flottenabtheilung, fiel die Aufgabe der Erkundung jenes solange in seinen wahren Verhältnissen dem nahen Europa unbekannt gebliebenen Küstenlandes zu. Unter Capitän Beaufort's Commando wurde in den Jahren 1811 und 1812 die Vermessung der damals gewöhnlich sogenannten Karamanischen Küste, vom Golfe von Makri an ostwärts ausgeführt: eine für jene Zeit höchst bedeutende Arbeit, welche sich später im grossen und ganzen als zuverlässig, wenn auch nicht völlig fehlerfrei [1]) erwiesen hat. Irgend ein Eindringen der speciellen Localbeobachtung ins Binnenland, wie es die späteren Arbeiten der Engländer

---

[1]) Ungenauigkeiten in den Contouren der Südküste und der vorliegenden Inselgruppen sind durch die auf dem k. k. Schiffe »Taurus«, welches die neue Expedition an Ort und Stelle zu führen hatte, angestellten Beobachtungen, ähnliche in der Umgebung des chelidonischen Caps durch Winkelmessungen der Herren Benndorf und Niemann, an der lykischen Westküste S. von Levisi durch Messungen des Herrn v. Luschan wenigstens sehr wahrscheinlich gemacht; nur reichten diese neuen Messungen nicht aus zu einer auch nur hypothetischen Berichtigung und ebensowenig werden die geringfügigen Differenzen der Küstencontouren in der unten zu besprechenden Sprattschen Karte auf thatsächliche Verbesserungen, vielmehr nur auf technische Mängel der lithographischen Ausführung dieses Blattes zurückzuführen sein. Die »*Corrections to 1872*« im letzten Abdruck der Beaufortschen Karamania beschränken sich auf Angabe der seither veränderten magnetischen Declination und berühren die Zeichnung nicht. (Eine positive Hinweisung auf Fehler jener älteren Aufnahme soll die neueste, mir bis jetzt nicht zugängliche Ausgabe der vom hydrographischen Bureau zu London publicirten *Sailing Directions for the Mediterranean* enthalten.) Eine vollständige Revision dieser ganzen Küste mit den heutigen Mitteln verbesserter Methode bleibt im Interesse der Specialtopographie dringend zu wünschen; es wäre eine würdige Aufgabe für die österreichische Marine als Fortsetzung ihrer ausgezeichneten Arbeiten im adriatischen und ionischen Meere.

in den griechischen Meeren auszeichnet, blieb dabei noch ausgeschlossen, abgesehen von der allgemeinen graphischen Andeutung der von der See her sichtbaren Terrainformen und der Fixirung einzelner tiefer landein gelegenen, aber den Schiffen als Landmarken dienenden Hochgipfel. Für die westlich von Makri gelegenen, in unsere Karte behufs des Anschlusses der neuen Landrouten mit aufgenommenen Gestade des südlichen Kariens haben sich dann europäische Schiffer und Geographen noch Jahrzehnte lang mit den überaus unzuverlässigen Leistungen französischer Hydrographen begnügen müssen und wurde dieselbe Arbeit von neuem in einer von bedeutenden Fortschritten der Methode und der Technik zeugenden Weise seit 1839 unter Leitung des Capitän Graves ausgeführt[2]). Die damals gemachten, von den älteren um mehrere Bogenminuten abweichenden astronomischen Längenbestimmungen bedingten natürlich für unsere Karte eine allgemeine, wenn auch nur in grösserem Kartenmaasstabe ins Auge fallende Verschiebung der ganzen älteren Aufnahme der eigentlich lykischen Küste.

Von anderer als seemännischer Seite sind astronomische Beobachtungen und zwar auch im Binnenlande, so unentbehrlich sie zur sicheren Anknüpfung des itinerarischen Materials sind, auf diesem Boden nur noch einmal und dann seit einem halben Jahrhunderte von niemand wieder gemacht worden. Ein Russe, Capitän Wrontschenko war es, dessen Reise zugleich den ersten, auch kartographisch verzeichneten Querschnitt durch das lykisch-karische Binnenland bildet: nur ist der Ruhm dieser Priorität ihm durch spätere, aber in der Publication ihn überholende Ergebnisse anderer Reisen verloren gegangen, da seine im Auftrage des russischen Kriegsministeriums 1834/35 durch die ganze Halbinsel Kleinasien ausgeführten, in Karte und systematischer Landesbeschreibung niedergelegten Recognoscirungen zwei Jahrzehnte geheim gehalten wurden; abgesehen davon,

---

[2]) Gulfs of Kos, Doris and Syme by Graves and Brock 1839, publ. 1844. — Marmarice and Karaghatch harbours by Graves 1841, publ. 1844. — Karaghatch to Makry by Graves, 1840—42, publ. 1848.

dass ihre spätere Publicität bei der geringen Vertrautheit auch der geographischen Leser in Westeuropa mit russischer Sprache und Schrift immer eine beschränkte geblieben ist. Ueberdiess betraf seine Route nicht die durch Reichthum antiker Denkmäler hervorragenden Landestheile; sie berührte das eigentliche Lykien nur an seinem Nordrande zwischen Adalia, Istanos, Elmaly und Makri; sie erreichte auf einer zweiten Reise im nördlichen Grenzlande, soweit es unsere Karte einschliesst, dasselbe Istanos nur als äussersten südlichen Punkt³).

³) Die nur im Maasstabe von 1 : 840.000 (fast ein Drittel der Grösse unserer Karte) ausgeführte Karte ist nach russischer Weise in den Terrainformen etwas stark manierirt gezeichnet, doch auch jetzt noch werthvoll durch einzelne von anderen Autoritaten bis heute nicht wiederholte Routen; sie gibt übrigens nur die Beobachtungen des Autors mit Ausschluss jedes fremden Materials bis auf die überaus nachlässig aus veralteten Seekarten entlehnten Küstencontouren. Die ihr zu Grunde gelegten Fixpunkte sind ebenso ausschliesslich die vom Autor selbst astronomisch bestimmten, auf deren Genauigkeit Wrontschenkos Lehrer in der Astronomie, der berühmte Director der Pulkowaer Sternwarte, Struve (wie mir Alex. v. Humboldt einst mittheilte) ein besonderes Gewicht legte. Zweifel gegen solche absolute Zuverlässigkeit legen jedoch die Unterschiede nahe, welche ein Vergleich mit den englischen nautischen Aufnahmen selbst hinsichtlich der Breiten zeigt: völlige Uebereinstimmung nämlich unter den drei in den Bereich unserer Karte fallenden Küstenpunkten zeigt nur *Adalia*, dagegen *Makri* eine durch etwaige Verschiedenheit des speciellen Beobachtungspunktes aus der bekannten örtlichen Beschaffenheit nicht wohl erklärbare Differenz einer vollen Minute und sogar 1½ Minuten *Kjöidjigez*, welches zwar nicht am ausseren Strande, aber zu einem für Boote zugänglichen und nach Ausweis der bestimmten Contourzeichnung und der Sondirungen von Graves wirklich befahrenen See liegt. Grösser werden die Unterschiede natürlich bei den schwieriger bestimmbaren Längen, für welche *Smyrna*, wie den Ausgangspunkt der Routen Wrontschenkos, so den passenden Nullpunkt der Vergleichung bietet. Mit diesem ergibt *Adalia*, wo der Reisende bei längerem Verweilen wiederholt beobachten konnte, eine fast völlige Uebereinstimmung: 3° 39' nach Graves, 3° 38½' nach Wr. Dagegen 7—7½' Differenz für *Makri*, welches nach Gr. 2° 1' O von Smyrna, 1° 38' W von Adalia liegt, während Wrontschenkos Berechnung resp. 1° 53½' und 1° 45' ergibt: eine Differenz, durch welche natürlich auch Wr.s Längenbestimmung für den zwischenliegenden Hauptpunkt des Binnenlandes, *Elmaly*, unsicher wird (s. unten). Zwischen Makri und *Kjöidjigez* wieder beträgt der Längen-

Vom südlichen Küstenrande her sind die ersten Schritte landeinwärts nur ein Jahr später durch den französischen Architekten Charles Texier gethan worden, doch nicht über Kasch und Irnesi (Arneai) hinaus und so völlig gedankenlos, offenbar ohne jede Beobachtung und Notiz an Ort und Stelle, dass das Phantasiebild, welchem er den anspruchsvollen Namen einer ersten *Carte de la Lycie* gegeben hat (*Description de l' Asie Mineure*, Vol. *III pl. 165*) ebensowohl wie sein Plan von Pessinus (und daneben leider fast die Mehrzahl seiner Zeichnungen) den von seinem Landsmann G. Perrot dafür gebrauchten Titel eines »roman archéologique« und einer »mauvaise plaisanterie« verdient[4]).

Auch der wirkliche Entdecker der archaeologischen Schätze des inneren Lykiens, der Engländer Charles Fellows, hatte dieses Glück auf einer ohne Vorkenntniss und ziemlich planlos unternommenen kleinasiatischen Tour 1838 dem Zufalle zu verdanken; zwar liess er sich dadurch zu einer wiederholten gründlicheren Bereisung desselben Landes im J. 1840 bestimmen, blieb aber auch diesmal, wenn auch durch Leake's sachverständige Winke geleitet, ganz durch das überwiegende archaeologische und künstlerische Interesse in

---

unterschied nach Gr. 25', nach Wr. 22'. Wir konnten natürlich nicht schwanken unter Beibehaltung des ganzen Zusammenhanges der Küstencontour den auf einer ausgedehnten Reihe von Beobachtungen beruhenden Bestimmungen des englischen Seemannes den Vorzug zu geben.

[4]) So liegt z. B. nach ihm *Kassaba* (d. i. Kasch) ungefähr da, wohin *Ernez*, dieses wieder da, wohin *Elmaly* gehört, also um mehr als das doppelte des wirklichen Maasses von der Küste, dazu in falscher Richtung (N statt NW von Myra). Brauchte es zum Erweis der gänzlichen Schwindelhaftigkeit weiterer Proben, so liefert sie z. B. *Mels*, die bekannte Inselstadt von der Südküste, welche er ins Binnenland NO von Makri verpflanzt, *Tifane* nahe landein davon, welches doch nach vagem Hörensagen Tefeni sein soll, das umgekehrt thatsächlich aber viermal soweit von jener Küste entfernt ist. Selbstverständlich zeigen die wild hingeworfenen Flussthäler und Bergformen nicht die entfernteste Aehnlichkeit mit den jetzt wirklich bekannten. Und dergleichen Phantasiestücke wurden noch vor dreissig Jahren in kostbarem Kupferstich auf Staatskosten ausgeführt! Vgl. über Texiers Arbeiten Benndorf Reise in Lykien S. 40.

Anspruch genommen und vernachlässigte darüber fast vollständig die geographische Seite der Erforschung eines so gut wie unbetretenen Bodens. Seine nur aus ganz flüchtigen, ohne andere Instrumente als die Uhr gemachten Notizen compilirte Kartenskizze, welche den *Discoveries in Lycia 1841* beigegeben ist, reicht daher höchstens hin zu allgemeiner Orientirung über die Richtung der Reisewege und die ungefähre Lage der antiken Fundstätten, während darin, auch abgesehen vom Mangel jedes topographischen Details, die Configuration des Bodens gewaltig entstellt ist[5]).

Sogleich nach dem Bekanntwerden dieser Entdeckungen fasste August Schönborn, Professor am Gymnasium zu Posen, den Plan einer vollständigeren Erforschung des südwestlichen Kleinasiens und führte denselben vom Herbste 1841 bis zum Sommer 1842 grösstentheils allein und, namentlich während des Winters, unter grossen Anstrengungen und Entbehrungen in weitem Umfange durch. Das geographische Gesammtergebniss an Erschliessung noch unbetretenen Bodens war, wie die Ausdehnung der in unserer Karte durch besondere Signatur unterschiedenen Reisewege zeigt, ein sehr bedeutendes, namentlich dem einzigen nennenswerthen Vorgänger Fellows gegenüber; es bildet für einzelne Landstrecken noch heut unsre einzige Quelle der Kenntniss.

---

[5]) So liegt z. B. bei ihm *Tlos* um 7', *Elmaly* um 13—14' zu weit östlich; dadurch wird die westliche Bergzone zwischen dem SSW—NNO (statt S—N) laufenden Xanthos-Thale und dem Golf von Makri zu breit, die östliche zwischen Elmaly und Adalia — die der Reisende allerdings nicht durchschnitten hatte — um noch viel mehr zu schmal. Dabei täuscht sich der Autor selbst so weit über seine Befähigung für diese Seite seiner Leistungen, dass er in der Vorrede den Euphemismus braucht: »the geographer will see that I have mapped the interior of the country, which hitherto has been unknown and left blank in the maps«! Aehnlich p. 227 »this district (of Almalee) is entirely unknown to Europeans — no maps of course exist«, — von der schon existirenden, aber erst später veröffentlichten Karte Wrontschenkos konnte er freilich keine Kenntniss haben, aber er scheint überhaupt von dem wenige Jahre früher erfolgten Besuche des russischen Reisenden auch an Ort und Stelle nichts erfahren zu haben, da er sich selbst für den ersten europäischen Besucher hält.

Dass es da, wo gleichzeitige und spätere Reisende dieselben Wege verfolgt haben, hinter den Leistungen derselben vielfach zurücksteht, erklärt sich sowohl aus der mangelhaften Ausrüstung Schönborns mit einem einfachen Taschencompass und seiner Unkunde des Zeichnens, als aus zufälligen, namentlich zur Winterszeit hinderlichen Umständen: tagelang hatten heftige Regen, hoher Schnee, Uebermüdung, Krankheit jede über das einfache Zeitmaass hinausgehende Beobachtung unmöglich gemacht. Der Aufgabe, aus den ungleichartigen Notizen, unterstützt durch des Autors mündliche Schilderungen der Terrainbeschaffenheit unter seinen Augen eine immerhin noch etwas rohe Karte zu construiren, habe ich mich im Sommer 1843 unterzogen; dieselbe ist in dieser Gestalt, da zufällige Umstände den Druck des Schönbornschen Originalberichtes verhinderten,*) nur in starker Verkleinerung (auf ¹/₃ des Entwurfs) der von mir 1844/46 herausgegebenen Karte von Kleinasien in sechs Blättern einverleibt und dadurch für die Vergleichung zugänglich geworden.

Die gleichzeitigen Reisen mehrerer Engländer, wirklicher Fachmänner mit entsprechender Ausrüstung an Instrumenten, erwies sich topographischen Zwecken ungleich günstiger. Den Beginn machte noch im Herbst 1841 einer der an der neuen Küstenaufnahme des aegaeischen Meeres betheiligten Schiffsführer, R. Hoskyn, Master of H. M. S. Beacon, mit einigen im folgenden Frühling beendigten Routen im Xanthos-Thale und auf dem centralen Hochlande östlich bis Elmaly;

---

*) Das längere Zeit nach Schönborns Tode, doch bevor es ganz auch nur geographisch hatte ausgenutzt werden können, der Familie zurückgestellte Manuscript ist leider seitdem spurlos verschwunden, doch hatte glücklicherweise Carl Ritter den wichtigsten Inhalt desselben noch kurz vor seinem eigenen Abscheiden für den letzten Band seiner Erdkunde benutzen können und durch die nur in diesem Auszuge mitgetheilte Kunde der von Schönborn entdeckten Monumente von Gjölbaschi erst zur wiederholten Erforschung und Fruchtbarmachung derselben den Anlass gegeben. — Eine Uebersicht von Schönborns Reisen hat dessen Bruder Carl im Anhange zu Moriz Schmidt's Lycian Inscriptions, Jena 1868, gegeben. Vgl. auch Th. Kock epistula ad Martinum qua continetur memoria Augusti Schoenborni, Programm des Gymnasiums zu Stolp 1858.

seine bereits 1843 im *Journal of the R. Geogr. Society of London*, *XII.* veröffentlichte Kartenskizze gibt zum erstenmale die natürlichen Formen dieses Landestheiles richtig, wenn auch ohne vieles Detail, wieder. Es folgte in demselben Jahre die mit vereinten Kräften durchgeführte Unternehmung des epigraphisch, archäologisch und künstlerisch vorgebildeten Geistlichen Daniell, des Naturforschers Forbes und des gleichfalls bei der nautischen Aufnahme unter Capitän Graves betheiligten Lieutenant (jetzt Viceadmiral) Spratt, welchem letzteren die topographische Aufgabe zufiel und von ihm in einer für die Kürze der aufgewendeten Zeit mustergültigen Weise gelöst wurde.[7]

Der Hauptwerth seiner schönen, dem gemeinsamen Reisewerke beigegebenen *Map of Lycia, Milyas and the Cibyratis* liegt in der trigonometrischen Festlegung einer grossen Anzahl von Positionen, welche bis auf geringfügige Modificationen einzelner Punkte durch die nicht weniger zahlreichen Messungen der österreichischen Reisenden lediglich bestätigt worden sind; auch darf die Wiedergabe der Hauptformen des Bodens, namentlich der Flussthäler bis zur Grenze ihrer Sichtbarkeit von den zurückgelegten Wegen aus, im ganzen als zuverlässig gelten. Die schwächere Seite der Arbeit bildet, wie bei fast allen englischen und zumal seemännischen Karten, die Ausdrucksweise des Bergterrains, welche mehrfach dem durch neuere Beobachtung constatirten Charakter der Bodengestaltung wenig entspricht; das gilt am meisten von den, nicht von Lieutenant Spratt selbst, wohl aber von unseren neueren Reisenden betretenen centralen Gebirgslandschaften des Susuzdagh, Aladjadagh, östlichen Akdagh und Beidagh, welche er zur Erzielung eines anschaulicheren Landesbildes in einer die Grenzen der Sichtbarkeit von seinen äussersten Standpunkten aus oft überschreitenden, also dann nur hypothetischen Gestaltung in seine

---

[7] Interessante Aufschlüsse über die Betheiligung der beiden überlebenden Autoren (Daniell war in Adalia dem Fieber erlegen) enthält das Buch von G. Wilson and A. Geikie, Memoir of Edward Forbes, Cambridge and London 1861.

Karte eingezeichnet hat. Alles auch in der Nähe der Reisewege bemerkte Localdetail einzutragen, gestattete überhaupt nicht der mässiggrosse Maasstab der Karte (1 : 427.000 d. i. ziemlich $^{12}/_{17}$ des Längenmaasses unserer Karte), abgesehen von der Erschwerung ausreichender Beobachtung an Ort und Stelle durch den Zufall des Verlustes der einzigen brauchbaren Uhr, nachdem von Westen her erst ein Theil der Reise zurückgelegt war, in Folge dessen für den umfangreicheren Rest der Wanderungen im östlichen und nördlichen Gebirgslande alle Specialdistanzen der erwünschten Sicherheit verlustig gingen[8]). Sowohl hinsichtlich der Vollständigkeit, als der Schärfe des Details liess mithin diese epochemachende Arbeit auch den Nachfolgern noch eine reiche Nachlese übrig[9]).

Eine solche war allerdings nicht zu erwarten von den wenigen Reisenden, welche in den folgenden Jahrzehnten über das von ihnen gesehene in der Oeffentlichkeit berichtet haben, da sie meistens den Spuren ihrer Vorgänger folgend,

[8]) *Myra, March 25th.* »On rising this morning we had the misfortune to find our only remaining watch had received some injury, by which it was useless. We were consequently during the remainder of the journey subjected to much in convencione, but the principal evil occasioned by it, was the rendering our time distance uncertain and most probably inaccurate. For it we were henceforth entirely dependent upon our guides and the natives, whose ideas of hours are not the most correct.« Vol. I. p. 138.

[9]) Ein kleiner Mangel der Karte, — abgesehen von den unten zu besprechenden Entstellungen der Namen, welche sie mit dem Buche theilt, — ist auch das Fehlen einzelner im Buche vorkommenden Localnamen. So vol. I p. 22 *Forellas* an der Westküste, nach v. Luschan Farelan-assar, wofür in Spratts Karte nur *Assar*, d. i. Burgruine, steht, p. 68 *Ghiourkara* an der Südküste W von Antiphellos, von Schönborn besucht und *Gaurgara* geschrieben, von Benndorf, der *Tschiangara* gehört hat, nur seitwärts gesehen. p. 118 *Gelamon* = Gelemen Bdf. auf der Höhe S von Kasch; p. 207 *Aksasia* an der Ostküste, wohl griechische Pluralbildung eines türkischen Namens *Aksaz* »weisses Rohr«. Nahe dabei in der Karte *Segbeer*, im Text p. 200 *Segheer*-Dagh, kaum richtig, da das arabische Wort *seghir* »klein« hier kaum vorkommen dürfte. In der Karte ist *Boonarbashi* NW von Elmaly als Dorf, im Text p. 283 nur als *a fertile spot lying high up in the mountains* bezeichnet.

im Hinblick auf Schönborns und später Spratts Leistungen sich der Mühe eigener topographischer Aufzeichnung überhoben glauben konnten; zu bedauern ist eine solche Vernachlässigung dagegen für diejenigen Stellen, wo sie bisher unbetretene Wege einschlugen. So enthält die von L. Ross 1844 gemachte und zuerst in der A. A. Z. geschilderte (in seinem Buche *Kleinasien und Deutschland, Halle 1850* wiederholte) Tour von Myra über Kasch, Phellos, Xanthos, Tlos, Makri und weiter bis Mughla auch in diesem letzten, Karien betreffenden Theile, wo er sich auf sehr wenig bekanntem Terrain befand, keinerlei geographisch neue Thatsache [19].
Auch Colnaghis von Newton (Discov. I. 337) mitgetheilte Route im J. 1854 von Andifilo über Jaghu (Ja'u) und Deriaghassy (d. i. Dere-aghzy) nach Myra bringt kein topographisches Detail, und Waddingtons kurz vorher gemachte Reise in Lykien hatte ausschliesslich numismatische Zwecke verfolgt.

---

[19] Sein *Ostadje* (S. 79) 2½ Stunden vom Uebergang Ober den Dalamantschai kann nur Druckfehler statt *Ortadja* »das mittlere« sein, also identisch mit Tschihatscheffs *Ortadjyk*, das allerdings nur eine Stunde vom Flusse liegen soll; bei der geringen Genauigkeit beider Reisenden in Distanzangaben bleibt die Ansetzung des Ortes auf unserer Karte sehr unsicher. Noch weniger mit den anderweitigen Grundlagen der Zeichnung vereinbar ist die sogleich folgende Angabe (S. 80): 1½ Stunde um die SO-(?)Seite des Sees herum zum Dörfchen *Assarkiöjü* mit starker dem See zufliessender Quelle am Fusse eines Berges mit Burgruinen, — wie dies zu verstehen, muss künftigen Reisenden zur Verification überlassen werden. Auf den folgenden zehn Wegstunden bis Mughla hat der gelehrte Reisende bis auf den allerdings nicht zu übersehenden starken Fluss *Namnam* keinen Ortsnamen, keine topographische Thatsache mehr notirt, und da Tschihatscheff, Fellows und andere, die desselben Weges gezogen, nicht fleissiger gewesen sind, kann diese Strecke auf unserer Karte begreiflich nur sehr leer erscheinen. Ueber die in demselben Jahre ausgeführten Reisen des englischen Architekten Falkener im südlichen Karien, der Kibyratis und dem lykischen Hochland ist uns ausser der kurzen Notiz in den *Annali dell' Instit. archeol. 1852 p. 115* nichts bekannt geworden; auch scheint Heinrich Barths Tagebuch über seine Reise in Lykien 1847 verloren gegangen zu sein.

Ebenso inhaltleer für unseren Zweck sind die Itinerarien von P. v. Tschibatscheff (herausgegeben von mir, Gotha 1866), welche unter seinen zahlreichen, vorzüglich in naturwissenschaftlicher Richtung unternommenen kleinasiatischen Wanderungen im November 1848 auch Lykien und Süd-Karien, auf demselben Wege, den bereits sein Landsmann Wrontschenko gemacht hatte, durchschneiden, ohne dessen Angaben anderes neues hinzuzufügen, als einige unten zu besprechende Höhenmessungen [11]).

Kaum etwas mehr bieten die Berichte des englischen Geistlichen Davis (*Anatolica, London 1874*) und des Ingenieurs Seiff (*Reisen in der asiatischen Türkei, Leipzig 1875*), welche im J. 1872 gemeinschaftlich von Adalia auf dem schon öfter gemachten Wege nach Elmaly und dann nördlich über Sögüd nach Chorzum (Kibyra) gezogen sind, wo sie sich wenigstens stellenweise auf wenig bekanntem Terrain befanden und bei grösserer Aufmerksamkeit immerhin einiges zur Vervollständigung der Karte hätten beitragen können [12]).

Die letzte vor den österreichischen Expeditionen zu wissenschaftlichen Zwecken in diesen Gegenden unternommene Reise, die der Herren Duchesne und Collignon, welche

[11]) Da er einen den letzten Reisenden entgangenen Namen wieder bestätigt, den schon Hoskyn, Spratt und Schönborn an Ort und Stelle vernommen hatten: *Uludja* (so jedenfalls richtiger als Hoskyns *Urludja*) für die kleine Ortschaft bei den Ruinen von Oinoanda, für welche Petersen und v. Luschan nur den Namen *Indje-allular* gehört haben, hielt ich mich für berechtigt, dieser jüngsten Version jenen Namen auf der Karte beizufügen.

[12]) Zu unbestimmt, um die Eintragung in die Karte zu erlauben, sind Angaben wie die auf dem Wege von Jazyr bei Istanos nach Elmaly : innerhalb der ersten drei Stunden rechts (d. h. westlich) das Dorf *Susuz*, dann auf derselben Seite, während *Betsch* (d. i. Begesch) links bleibt, das Dorf *Derekjöi*; vorher nahe links vom Wege *Imedjik*, was zu der durch Benndorf und Petersen genau bestimmten Lage dieses Dorfes auf keine Weise passt, also vielleicht nur auf eine Jaila desselben sich bezieht. Ueber einige nördlich von Elmaly bis Sögüd von beiden Autoren genannte, mit anderweitigen sicheren Angaben nicht zu vereinigende Oertlichkeiten s. Note 19.

1876 von den Ruinen von Kaunos an der karischen Südküste nach Kibyra hin die Nordwestgrenze Lykiens eben nur streift, wird hoffentlich in dem noch zu erwartenden ausführlichen Berichte einige Daten zur Vervollständigung der Topographie jener Gegend bieten [13]). Der sehr geringe Nutzen der genannten, das eigentliche Lykien kaum berührenden Durchflüge verschwindet völlig gegenüber dem ausserordentlichen Fortschritte, welchen auch die Topographie des Landes durch die beiden österreichischen Expeditionen erfahren hat. Dem Verdienste fast ununterbrochener Beobachtung selbst der untergeordneten Objecte und Formen, sorgfältigster Führung der Tagebücher, panoramatischer für die klare Anschauung der Terraingestaltung in hohem Grade belehrender Zeichnungen der Gebirgsprofile, möglichst oft wiederholter Visuren mittelst des dioptrischen Compasses haben die Herren Benndorf, Niemann, Petersen das fernere hinzugefügt, nach diesen Daten die Construction ihrer Reiselinien und der von denselben aus sichtbaren Objecte in sehr grossem Maasstabe zu versuchen; für das innere Hochland ist dies mit besonderer Gründlichkeit von Petersen geschehen; für einige weiterhin zu bezeichnende, von den Herren Dr. v. Luschan und Dr. Loewy allein gemachte, nur schriftlich notirte Routen

---

[13]) Bis jetzt ergeben sich aus dem vorläufigen Referat im *Bulletin de Correspondence hellénique 1877* nur wenige aus andern Quellen nicht bekannte Punkte, welche ich hier nenne, weil die vage Angabe der Oertlichkeit oder Zweifel an den Namen Eintragung in die Karte nicht erlaubten. Der in der englischen Küstenkarte (und danach in der unsrigen) S von den Ruinen von Kaunos eingetragene, jetzt versumpfte alte Hafen der Stadt wird angeblich *Ana-göl* (»Mutter-See«, wenn richtig verstanden, p. 340) genannt; weiter S gegen das Cap Kapnia hin soll eine byzantinische Stadtruine *Baba* (»Vater« ?) und davor ein ausdrücklich als in den Seekarten fehlend bezeichnetes Inselchen liegen (p. 364). Von da aus wird mit zwei, nicht weiter detaillirten Tagemärschen über *Güdjek* am Südfusse des *Tschaldagh* eine den nordwestlichen Eingang zu Lykien beherrschende Akropole *It-hissar* (»Hundeschloss«) erreicht; sie soll in einem NW—SO streichenden Thale liegen, welches Benndorf für das zum Xanthosbecken gehörige Thal von Mesenis hält; weitere Details in der Fortsetzung des Weges nach Pirnaz sind nicht angegeben.

habe ich sodann, durch persönlichen Verkehr mit den Herren Autoren gefördert, die Construction ausgeführt. Auf Zusammenpassung dieser Entwürfe unter einander und mit dem übrigen oben aufgeführten Kartenmaterial beschränkte sich mithin wesentlich meine redactionelle Aufgabe. Das Verfahren, unabhängig von der Sprattschen Karte und nur im Anschluss an einige Hauptpunkte der Küstenaufnahme (Adalia, Tachtaly-Dagh, Phineka, Myra, Jali-Bay, Kalamaki, Patara, Sandagh, Bubadagh, Makri) das neu construirte Routennetz mit seinen in den Knotenpunkten Kasch und Elmaly sich wiederholt kreuzenden Fäden zu Grunde zu legen, ergab erfreulicher, wiewohl nicht unerwarteter Weise, eine in allen wesentlichen Punkten vollständige Congruenz mit jener bahnbrechenden englischen Arbeit. Anderseits sind nun die Stellen darin enthaltener hypothetischer und vielfach als unrichtig befundener Terrainskizzirungen durch die der Wirklichkeit sich annähernden Formen derjenigen Gebirgslandschaften ersetzt, welche zuerst von den österreichischen Forschern betreten worden sind; dahin gehören namentlich der westliche Akdagh, der westliche und nördliche Rand des Susuz-Dagh und seine Vorhöhen bis zur Ebene von Elmaly, das Seenhochthal N von Elmaly bis zum Rahatdagh, der grösste Theil des östlichen Gebirgslandes zwischen Adalia im O, Elmaly im W und Kasch im SW, die beiden, nur leider noch nicht durch eine Querlinie über den Hauptkamm in Verbindung gebrachten Abhänge des Aladjadagh; auch das eben wegen seiner archaeologischen Reichthümer das Hauptziel der Unternehmung bildende südlich von Kasch bis zur Küste gelagerte Hochland hat nach den wenigen schon von Schönborn und Spratt zurückgelegten Wegstrecken erst jetzt eine eingehendere, immer aber noch nicht vollständige Durchforschung erfahren, deren Ergebnisse der Maasstab unserer Karte nicht einmal ausreichend wiederzugeben gestattete[14]).

---

[14]) Allerdings würde am meisten dieses in zahlreiche kleine Hochbecken und scheidende Rücken und Terrassen gespaltene Karstterrain, welches der aufmerksamen Notirung der wechselnden Formen ungewöhn-

Unter den aus dem Thale von Kasch nördlich über den *Susuʒdagh* gemachten Wegen sind zwei durch Punktirung der rothen Linie als unsicher bezeichnet: der mittlere über Durhassan wegen der Eile, zu der Benndorf durch zufällige Gefahren gedrängt wurde, der östliche, den Loewy genommen hat, ohne Möglichkeit zu genauer Notirung von Distanzen und Formen, nur mit dem allgemeinen Eindrucke eines plateauartigen Hochrückens mit vorgelagerten, besonders nach Süden weit auslaufenden Hügelterrassen. Diese Formen konnten in unserer Zeichnung, welche auf Grund von Compassvisirungen nur zwei Hauptgipfel fixirt, nur leicht und ohne willkürliches Detail angedeutet werden statt der regellosen Gruppen scharfer Gipfel, welche die Sprattsche Karte, selbstverständlich nur auf Grund weiter Fernsicht von N und S her an derselben Stelle zeigt: die bestimmtere

---

liche Hindernisse entgegenstellt, dazu eine Fülle kleinerer Objecte menschlichen Anbaus und entsprechender Nomenclatur enthält, um in wünschenswerther Klarheit zu Gesichte zu kommen, einer regelmässigen fachmännischen Mappirung bedürfen. Da zu einer solchen, viel Zeit und Kosten erfordernden Aushilfe augenblicklich wenig Aussicht ist, so wird die Herstellung einer vorläufigen Skizze in grösserem Maasstabe nach dem vorhandenen, wenngleich noch lückenhaften Material nicht überflüssig erscheinen. — In Bezug auf dieses Terrain ist noch zu bemerken, dass einige in die Karte eingetragene Ortslagen: *Tirmissini*, *Assár* und *Isindipi* nahe der Küste bei Kekowa und *Gödeme* (vielleicht identisch mit dem von Herrn v. Luschan besuchten *Girdener*?) NO von Myra durch einen bisher von mir nicht genannten Theilnehmer der Expedition, Herrn Dr. Studniczka mitgetheilt worden sind, jedoch ohne specielle Angabe seiner Route, welche also nicht in den Zusammenhang der roth eingedruckten Wegelinien aufgenommen werden konnte. Ebenso entbehrt Dr. Schneiders kurzer Bericht über seinen Ausflug von Gjölbaschi nach Andifilo und Tüssa (Benndorf Vorläuf. Bericht S. 83) aller Distanz- und Richtungsvermerke, gestattete also auch keine Eintragung seiner Route und des in derselben, aber in keiner anderen Quelle genannten Dorfes *Owlansarentsche* (?) zwischen *Barletscha* (verhört statt Baghlydja) und *Awela* (Awlán). Weiter westlich bleibt das obere Thal des Felléntschai bei Hadjioghlan wegen einer aus den Aufzeichnungen von Benndorf und Petersen nicht aufzuklärenden Differenz noch stellenweise unsicher und darum nochmaliger Revision durch nachfolgende Beobachter empfohlen.

Aufzeichnung der wirklichen Terraingestaltung muss hier durchaus künftigen Beobachtern vorbehalten bleiben.

Die am Nordfusse des Susuzdagh ausgebreitete centrale Hochebene, deren nordöstlichen Winkel die heutige Hauptstadt des Binnenlandes *Elmaly*, einnimmt, erscheint nunmehr in ihrer etwas complicirten Gestaltung durch zahlreiche Visuren von den einschliessenden Höhenrändern aus schärfer, als noch in Spratt's Karte, umgrenzt, während ihr weniger leicht übersehbares Innere mit seinen zahlreichen Dörfern hin und wieder noch weiterer Aufklärung bedarf.[15])

Der Centralpunkt *Elmaly* selbst, welchen Hoskyn und Spratt nur einseitig von Westen her mit anderen Punkten in Verbindung gesetzt hatten, ist jetzt auch nach SW mit der absolut fixirten Gipfelgruppe des westlichen *Akdagh* durch Visuren und zwei Routen, mit Adalia in O und Fineka in S auf drei verschiedenen Wegen verbunden, so dass er in Folge dieser fünffachen Verknüpfung zu den am besten gesicherten gehört. Die daraus resultirende Breite ist identisch mit der von Wrontschenko astronomisch berechneten: 36° 44'; die Länge ergibt sich nur um eine Minute westlicher als aus Spratts Messungen und entsprechend dem mittleren Werthe der Längenunterschiede, welche der russische Beobachter gegen Adalia mit 50'1/2' und gegen Makri mit 54' gefunden hat, nämlich resp. zu 48' und 50', statt Spratt's 49' und 49'.

Die von Spratt nur zum Theil, früher von Schönborn ganz, jetzt wieder von Loewy zurückgelegte Strasse von Elmaly südöstlich zur Küste ist. wenigstens in ihrer südlichen Hälfte das Arykandosthal abwärts, nicht mit völliger

---

[15]) Mehrere Ortslagen und Namen sind daher in unserer Karte mit einem (?) bezeichnet, namentlich einige, welche nur in dem obengenannten Itinerar von Hoskyn vorkommen, dagegen in Spratts Karte weggelassen sind. Inwiefern die Namen *Ameer*, *Baylar* oder *Bayerala* bei Hoskyn und Spratt, *Bilerdji* und *Beirala* bei Schönborn und *Beilar-* (oder: *Beidalar-*) *Tschiftlik* (s. von *Düdenkiöi*) bei Loewy dieselben Orte bezeichnen oder durch Missverständniss der Aussagen Einheimischer stellenweise mit einander verwechselt sind, bleibt noch zu ermitteln.

Genauigkeit überliefert[16]) und demzufolge in unserer Construction wahrscheinlich noch späterer Nachhilfe bedürftig: sie erwies sich aber sehr nützlich zur Fixirung des Durchschnittspunktes quer über den Thalfluss in Benndorf's und Niemann's Route von Kasch nach Adalia, einer Linie, in deren nordöstlicher Fortsetzung mehrere Punkte durch Visuren auf den von der Küste her fixirten *Tachtaly-Dagh* sehr genau bestimmt werden konnten. Da ferner Benndorf's Rückweg von Adalia längs der Ostseite des Tschandyr-Thales über das auch von Spratt besuchte Saraidjik[17]) einen zweiten Durchschnittspunkt jener Route lieferte und von da aus wieder über das obere Alaghyr-Thal an Gilewgi und Elmaly angeknüpft ist, so darf diese ganze zum erstenmale im Zusammenhange aufgezeichnete Diagonale *Kasch-Adalia* mit ihren Annexen als auf der Karte vorzüglich gesichert gelten. Allerdings ist damit das Gesammtbild des ostlykischen Gebirgslandes nicht abgeschlossen: unerforscht bleibt noch eine mässig breite Strecke der höchsten Thalstufen im NW der Adalia-Strasse, gegen die nur von der anderen Seite her von Petersen visirten Gipfelgruppen des östlichen Akdagh und des Beidagh, in welche der Ausblick von S. und O. her durch die vorliegenden Felsabhänge des Kirkbunardagh und seiner Fortsetzungen versperrt war[18]). Zu erforschen bleibt

---

[16]) Noch mehr gilt dies von der östlichen Fortsetzung der Route Loewys im Küstengebiet bis Olympos und Phaselis, auch von Petersens Notizen über die Westhälfte desselben Weges bis Korydalla, so dass diese Partie unserer Karte bis auf ein paar kleine Zusätze von Namen bei den Resultaten der Engländer stehen bleiben musste. Weggelassen habe ich davon nur den verdächtig klingenden, allein auf Fellows schwacher Autorität beruhenden, gleichwohl in die Sprattsche Karte mit aufgenommenen Namen *Balintayer* auf der südöstlichen Halbinsel.

[17]) Dieselbe enthält N von diesem Punkte im oberen Alaghyr-Thale eine von der Route nicht berührte, wohl nur aus der Ferne gesehene oder gar auf fremde Aussage hin verzeichnete Ortschaft *Kosetchah* (ebenso im Text p. 171, aber p. 172 *Kosetchek*), welche nach der angegebenen Lage fast unmittelbar in oder dicht neben Benndorfs Wegelinie fallen müsste, von ihm aber nicht gesehen worden ist, daher auch ohne Gefahr des Irrthums in unsere Karte nicht aufgenommen werden konnte.

[18]) Nur um auch für den Totalüberblick des Kartenbildes den

in dieser Gegend ferner noch behufs vollständigerer Ausfüllung des Kartenbildes in Hinsicht auf Bodengestalt, wirklichen Lauf der Gewässer und Vertheilung der Bevölkerung in den verschiedenen Ortschaften das ganze untere Thal des Alaghyr-Tschai und die östliche Gebirgsküste. Nördlich von Elmalý ergab die vollständige Umwanderung des Seebeckens von *Sögüd* durch Petersen und v. Luschan und die vorzügliche Uebereinstimmung der zahlreichen, unterwegs genommenen Visuren eine anscheinend sehr genaue Ortsbestimmung des nördlichsten von der Route berührten Punktes, der bei isolirter Lage weithin sichtbaren Landmarke des *Rahátdagh*. Sollte die von unseren Reisenden auf mehrfachen Linien durchschnittene Seebene nicht über ihre Distanzangaben hinaus willkürlich erweitert werden, so durfte in der Gesammtconstruction der Karte jene Position nicht weiter nach Norden verschoben werden, wiewohl dazu die Versuchung nahe genug lag in der Autorität der Sprattschen Karte, deren Breitendifferenz von der unsrigen von beiläufig 1' bei Elmaly hier bereits auf volle 3' steigt. Zwar fehlt ihr die erst durch unsere Reisenden ergänzte Sicherung durch eine Routenverknüpfung nach Süden hin: der Rahat-Dagh ist von Spratt nur auf einer langen westöstlichen Quertour zwischen Istanos und Chorzum (Kibyra) berührt[19],

bergerfüllten Charakter jener Zone und den Zusammenhang des Gesammtabfalles des centralen Hochlandes nach aussen kenntlich zu machen, ist auf Herrn Benndorfs Wunsch in der Ausführung unserer Karte die betreffende Stelle, statt der täuschenden Detailformen der englischen Karte, mit einem leichten braunen Ton bedeckt worden, während allerdings der kritische Charakter der Karte durch absolutes Weisslassen jenes Stückes Terra incognita mehr gewahrt und höchstens der Laie im Kartenfach der Gefahr der Verwechselung mit einer Ebene ausgesetzt gewesen wäre.

[19]) Seitwärts südlich dieses Weges soll ein Dorf liegen, im Text p. 249 durch Druckfehler *Talinglee* genannt, richtiger als *Yalinglee* in der Karte eingetragen, wie das *Jalinli* des unten zu besprechenden, officiellen Ortsverzeichnisses, ebenso *Yalinli* bei Davis, *Galinli* bei Seiff bestätigt; nur ist die Distanzangabe dieser beiden Reisenden, welche es zwischen Tschobanisa (N von Elmaly) und Sögöd berührten — circa drei Stunden oder etwas mehr von jedem dieser Punkte nach Seiff — viel

freilich auch erstiegen und zu Winkelmessungen benutzt worden, deren Ergebniss, wenn es dem Autor gefallen hätte, darüber irgend eine specielle Mittheilung zu machen, die Frage wohl entscheiden würde [20]). Lösbar wäre sie anderseits für einen folgenden Reisenden durch Anknüpfung über den bis jetzt unerforschten nördlichen Abhang des Gebirges gegen das durch Wrontschenko zu 37^0 $17^1/_2'$ Breite (weniger sicher Länge 1^0 $6^3/_4'$ W von Adalia) bestimmte *Tefeni* hin. [21])

zu vag und erlaubt ebenso wenig, wie die Ansetzung in der Sprattschen Karte (ungefähr $1^1/_2$ Stunde SO von Sooood [sic!] d. i. Sögüd) eine sichere Orientirung zwischen den ganz abweichenden Ortsnamen, welche sowohl Schönborns altes, als jetzt das Petersen-Luschansche Routier in dieser Gegend anzusetzen erlauben; beide haben etwa an derselben Stelle *Mahmudlar*, welches seinerseits im Ortschaftsverzeichniss fehlt; nicht unmöglich könnte damit derselbe Ort bezeichnet sein, da mehrfache Beispiele solcher Doppelnamen in diesen Gegenden vorkommen — nur eine neue Localuntersuchung wird darüber entscheiden können. Ebenso unanwendbar für unsere Karte blieb das kurz vor Yalinli als rechts vom Wege liegend nur von Davis genannte, in der Ortsliste aber fehlende Dorf *Durular*, das also etwa an die Stelle von *Kyzyl-allular* der Petersenschen Route (*Kyzyllar* der Ortsliste) gehören würde; aber ein so starkes Verhören oder Verschreiben des Namens ist wohl kaum anzunehmen.

[20]) »The summit proved one of the most useful positions for the construction of our map« l. p. 251. Wahrscheinlich — denn bei der Zurückhaltung des Autors in ziffermässigen Mittheilungen über seine Messungen sind wir nur auf Vermuthungen angewiesen — würden auch die Visuren einer weiter W, dicht über dem alten Kibyra gelegenen Vermessungsstation (»mountain 6000 feet high ascended in order to obtain a good view of the surrounding country« p. 261), von welcher der Rahat-Dagh jedenfalls sichtbar sein muss, dabei eine Rolle spielen.

[21]) Während diese Zeilen zum Druck gehen, werde ich durch eine Mittheilung überrascht, welche bereits für nächste Zeit die Erfüllung des hier ausgesprochenen Wunsches in Aussicht stellt. Auf der Rückfahrt von seiner dritten Forschungsreise im westlichen Kleinasien besuchte mich in den letzten Septembertagen Mr. Ramsay, der soeben von Norden her über Tefeni und weiter östlich durch die Kyzylkaja-Ebene über Istanos den Rahat-Dagh als südlichsten Punkt seiner Route erreicht und dieselbe durch Besuch der an seinem Fusse gelegenen Orte Osman-Chalifalar und Ali-Fachreddin noch näher mit der von Petersen und v. Luschan gemachten verknüpft hat. Die bereits unterwegs begonnene, zu Hause in nächster Zeit zu vollendende Ausarbeitung seiner Itinerare wird bald neues Licht über die den nördlichen Rand unserer

Petersen's letzte Tour auf diesem Gebiete, die von Elmaly nordwestlich nach dem oberen Endpunkte der Maeanderthal-Eisenbahn gerichtete Rückreise hat nur in ihrem ersten Theile über Oinoanda und Balbura bis Dirmil eine hinreichend specielle Aufzeichnung erfahren, welche die in allen Hauptzügen als zuverlässig erfundene englische Arbeit nur um einige weitere Namen und Thatsachen bereichert [22]). Weiterhin über Chorzum nach Norden hat dann in Folge von Petersens Erkrankung v. Luschan nur weniger vollständige Aufzeichnungen gemacht, aus denen sich übrigens nur unerhebliche Unterschiede gegen die älteren Erhebungen Schönborns ergaben: über den nördlichen Rand unserer Karte hinaus liefern sie überhaupt keine nicht schon sonst bekannten topographischen Thatsachen. [23])

Karte einnehmende, allerdings ausserhalb der engeren Grenzen Lykiens liegende Landschaft verbreiten. — Die Route von Adalia über Istanos und Tefeni nach Westen hatten übrigens schon im vorigen Jahrhundert Corneille Lebruyn und Paul Lucas, im J. 1809 Corancez (anonymes Itinéraire d'une partie peu connue de l'Asie Mineure, Paris 1816) gemacht, aber ihre flüchtigen Berichte ergeben für die Topographie durchaus kein Resultat.

[22]) Einen Theil dieses Weges enthält auch Wrontschenkos Karte, nur mit Abweichungen in den Namen, die aus Missverständnissen entstanden sein müssen, zumal sie auch im officiellen Ortschaftsverzeichnis fehlen; *Kürten* und *Borta* heissen darin die Dörfer nahe NW von Elmaly, welchen alle übrigen Zeugen die Namen *Eskihissár* und *Salyr* (in Spratts Karte fehlerhaft *Sahteer*) beilegen.

[23]) Die Visuren v. Luschans nördlich von Chorzum habe ich als unter höchst ungünstigen Umständen, daher wahrscheinlich mit geringerer Schärfe gemacht, nicht mehr verwerthen können: streng genommen würden sie den Weg bis Pederbei ziemlich genau in die magnetische Nordlinie oder um circa 15 Grade weiter östlich gebracht haben, als ich ihn, wesentlich nach Schönborns Angaben und im Anschluss an dessen Route durch das Gerenis-Thal abwärts gezeichnet habe: diese letztere, welche ihrerseits weiter südlich an das Benndorf-Niemannsche Routier von 1881 gebunden ist, würde einer durchaus unwahrscheinlichen Verlängerung unterworfen werden müssen, um die oben erwähnte Verschiebung zu ermöglichen. — (Hoffentlich wird nach Mr. Ramsay's mündlichen neuesten Mittheilungen durch die Construction seiner Itinerare auch dieser N von Kibyra gelegene Strich eine gesicherte kartographische Darstellung erfahren).

Wir gehen schliesslich zur Westhälfte unserer Kartenconstruction über. Im unteren Xanthosthale, welches bereits die Vorgänger reichlicher durchsucht hatten, namentlich auf der Westseite des Flusses, ist doch auch dieses Terrain nicht ohne einige Zusätze geblieben; wesentliche Berichtigungen hat aber die von den Engländern nur wenig berührte, von Schönborn nur flüchtig besuchte Ostseite erfahren [14]) durch die 1881 gemachte Route von Xanthos nach Tlos, sowie auch die beiden Wege zwischen Tlos und Pinara einerseits, Makri anderseits neues Terrain erschlossen und den nordöstlichen Vorhöhen des Mendes eine berichtigte Gestalt gegeben haben. Selbst die kleine SW. von Makri vorspringende Halbinsel, die in der Graves'schen Seekarte grösseren Maasstabes mit den Griechenstädten *Levisi* (türkisch nur *Kajá* »der Felsen« genannt) und den Dörfern *Kalamathi*[15]), *Pelangi*, *Chilertus*[16]), *Apofera* durch Specialität· der Zeichnung die

[14]) Einer der mächtigen Berggipfel, welche das Xanthos-Thal östlich überragen, wird von den verschiedenen Beobachtern in auffallender Weise verschieden benannt. Hoskyn und Spratt kennen nur den Namen *Akler-Dagh* (fehlerhaft in H's Karte *Akter*), und dehnen ihn auf den ganzen, nur vom hohen Akdagh überragten nordsüdlichen Bergzug aus; diesen Namen, welchen der Berg von einem Dorfe *Aklar* (so nach correcter Aussprache) führen muss, mit dem nur das Ortschaftsverzeichnis uns bekannt macht, kannte auch Benndorfs türkischer Begleiter im Jahre 1881, Ali, aber nur für den nördlicheren Gipfel des kurzen Kammes. Den südlichen, dem in Spratts Karte der Name *Akler-Dagh* beigeschrieben ist, unterschied er davon durch eine Sonderbenennung, die mit dem Ohre aufgefasst als *Gülerdadeler* kaum richtig verstanden sein wird; ich halte die dritte Silbe für die abgeschliffene Vulgäraussprache von *dagh*, die beiden letzten für das Wort *derler* »man sagt, nennt«, (wenn nicht die drei Silben undeutlich ausgesprochenes *daghlar* Plural von *dagh* sind) so dass nur die beiden ersten Silben den Namen repräsentirten. Auffallend ist nur, dass Petersen bei seiner Durchwanderung des Xanthosthales 1882 für dieselbe Spitze wiederholt immer nur den Namen *Dumán-dagh* »Rauchberg« gehört hat. Das gegenseitige Verhältniss dieser verschiedenen Bezeichnungen, die vielleicht nach analogen Fällen in der That an den verschiedenen Seiten des Gebirges in Uebung befindliche Namen sind, bedarf Aufklärung durch einen folgenden Besucher.

[15]) Nach v. Luschan vielmehr *Kelaminar* zu schreiben.

[16]) Sicher Corruption oder Schreib- resp. Stichfehler für *Gechiler* (Getschiler).

Idee zuverlässiger Aufnahme erweckt, hat durch Petersens Durchwanderung und Visuren 1882 und einen wiederholten kurzen Besuch v. Luschans im Januar 1884 eine in den Ortslagen berichtigte und durch weitere vier Ortsnamen vervollständigte Umgestaltung erfahren, ohne damit schon nach allen Seiten erschöpft zu sein.[27])

Der Rückweg endlich, welchen Benndorf und Niemann bei der ersten Reise von Makri aus durch Karien eingeschlagen haben, berichtigt und erweitert in der ersten fast direct nördlich gerichteten Hälfte ein zuvor nur durch Schönborn, aber in sehr ungenügender Weise erschlossenes Terrain,[28]) durchschneidet aber sodann in westlicher Richtung bis Mughla eine bis dahin völlig unbekannte Landschaft, aus der eben nur ein einzelner Name, der des Hochpasses *Eskere-Boghaz* durch die von G. Hirschfeld 1874 eingezo-

---

[27]) Auf Herrn v. Luschans Mittheilung beruht der Name *Alikynda* für die mittlere der drei südlichen Buchten, wogegen ich Bedenken trug, den von ihm für eine südlichere (angeblich über den magnetischen S von Levisi noch etwas westlich — im Widerspruch mit der englischen Seekarte — vorspringende) Landspitze gehörten Namen *Al* (d. i. Hagios) *Katakalmás* aufzunehmen, da bei der Schwierigkeit einer Distanzschätzung nicht zu entscheiden ist, welcher der verschiedenen Vorsprünge jener Felsküste damit gemeint ist: noch weniger wäre auf jene Messung eine Correctur der noch aus Beauforts altem Survey herrührenden Küstencontoure zu begründen, aber auf das Bedürfnis einer erneuten Prüfung möge auch hier aufmerksam gemacht sein. — Der Name *Sombourlu-Dagh*, welchen Texier, allerdings eine sehr fragwürdige Autorität, der aber längere Zeit in Makri gewesen ist, dem Berge Anticragus beischreibt, während er den Namen *Mendes* ignorirt, mag nur eine missverstandene Uebertragung des griechischen Namens der Hafenbucht *Symbola* sein. — Den Namen des Hochgipfels SO von Levisi, bei Hoskyn und Spratt *Babadagh* geschrieben, haben Petersen und v. Luschan stets *Buba* aussprechen gehört, daher er auch in unserer Karte so geschrieben ist.

[28]) Auf einer allerdings nur aus der Ferne, oberhalb des Dorfes Dennekkjöi gemachten Wahrnehmung Benndorfs beruht der hypothetisch angedeutete Abfluss der Gewässer der Hochebene *Mekir-ovasi* nach dieser SW-Seite, also zum Flussgebiete des unteren Dalaman-tschai, während die Sprattsche Karte denselben eine nach SO die Berge durchbrechende Richtung zum Thale von Pirnaz gibt.

genen Erkundigungen bekannt geworden war. [19]) Jenseits Mughla über die damals in das Erforschungsproject mit aufgenommenen Tempeltrümmer von Lagina (Ileïna) und die altbekannte Ruinenstätte von Stratonikeia (Eskihissár) ist die Wegebeschreibung von unseren Reisenden nicht fortgesetzt worden, indem sie meiner eigenen, im Juni 1870 ausgeführten Recognoscirung dieser Strasse ausreichendes Vertrauen geschenkt haben — vielleicht mit Unrecht, denn über einzelne Benennungen bin ich damals in der im Sommer sehr verödeten Gegend und bei der geringen Ortskenntniss meiner Aïdiner Türken selbst im Unklaren geblieben und andere Reisende werden auch hier noch genug zu ergänzen und zu berichtigen finden. Sogar in der Nachbarschaft von Mughla haben mir meine dortigen Begleiter abweichende Namen für die nach O. sichtbaren Bergspitzen angegeben, als sie von der anderen Seite kommend und aus anderem Munde Benndorf erfahren hat: Differenzen, welche in der Karte angedeutet sind und spätere Richtigstellung erwarten. Nur ein Hochgipfel dieses südlichen karischen Berglandes, der noch im

---

[19]) Zwar hatte schon 1842 Prof. Loew aus Posen, der naturhistorische Begleiter Schönborns auf seinen ersten lykischen Wanderungen, diesen Gebirgsstrich in nordsüdlicher Richtung bis zur Küste durchzogen, auch einige Notizen darüber gemacht, welche er, als wir in der Quarantaine zu Syra zufällig wieder zusammentrafen, in Ordnung zu bringen versuchte, hat jedoch niemals etwas darüber verlauten lassen. — Tschihatscheffs Reise im Mai 1853 schneidet eben nur die nordwestliche Ecke unserer Karte bei Mughla vorbei und fällt dann auf eine kurze Strecke mit der Benndorf-Niemannschen Route zusammen, ohne nähere Belehrung zu geben; vollends ihre Fortsetzung von Bulachan NO gegen Dawas hin bleibt so unsicher, dass sie nicht einmal hypothetisch in der Zeichnung angedeutet werden konnte; der ganze Gewinn daraus besteht in einigen, wenig zuverlässigen Höhenzahlen. — Bald nach unseren Reisenden hat der k. k. österr. Consularagent Bratić zu Aïdin, zwar die neugewonnene Wegelinie berührt, indem er den dadurch in seinem Quellgebiete festgelegten *Aktschai* von seiner Mündung in den Maeander bis hierherauf verfolgte, hat es aber leider unterlassen, über das specielle Ergebniss dieser interessanten Querroute irgendwelche nähere Mittheilung zu machen. Es bleibt mithin in dieser Gegend für künftige Reisende noch ungemein viel zu thun übrig.

Juni schneebedeckte *Sándiras*, dessen Nähe noch den Besuch keines Europäers erfahren hat, war von mir, bevor widrige Zufälle meiner Reise am Namnam-tschai ein zu frühes Ziel setzten, soweit visirt worden, um in Verein mit einer von anderer Seite durch Benndorf auf denselben Punkt genommenen Visur seine Position ziemlich genau festzulegen. Dagegen hatte ich wenigstens die Position jenes wichtigen Strassenknotenpunktes, der Provincialhauptstadt *Mughla*, in welcher die hier endende Specialverzeichnung des Benndorf-Niemannschen Itinerars den erforderlichen Anschluss findet, schärfer als bisher geschehen, bestimmen können durch Anknüpfung an ihren durch Graves' Küstenaufnahme fixirten Hafenplatz *Giova* längs des zwar vom täglichen Verkehr, jedoch vor mir kaum von einem europäischen Reisenden benutzten kurzen Weges.[30])

Höhenbestimmungen.

Die Hypsographie des von unserer Karte umfassten Raumes hat durch die von vier Theilnehmern der Expedition regelmässig besorgten Barometerablesungen eine weit über das bisherige Maass hinausreichende Vervollständigung erfahren; die daraus unter Leitung des Herrn Prof. Hann

---

[30]) Ungeachtet des schwierigen Terrains in dem zerrissenen Kalkgebirge und des steilen, etwa 700m betragenden Abstieges zur Küste war in der Distanzberechnung des nur wenige Stunden langen, ziemlich genau in N—S Richtung verlaufenden Weges ein irgend erheblicher Fehler ausgeschlossen; mein itinerarisches Resultat ergab in der That völlige Uebereinstimmung mit der durch Wrontschenko direct beobachteten Breite von Mughla zu 37° 12½'. Ebenso erlaubt jener Umstand des geringen Längenunterschiedes zwischen Mughla und Giova aus der Graves'schen Bestimmung des letzten Punktes nach meinem Routier mit ausreichender Sicherheit die Länge von Mughla zu 1° 17' O von Smyrna zu berechnen, während Wrontschenko dafür 1° 13' gibt; fast ebensoviel beträgt anderseits die Differenz seines Längenunterschiedes von Mughla und Makri zu 40½, gegen den aus meiner Rechnung resultirenden von 44'. Newton (Travels and Discoveries in the Levant II, 41) hat denselben Weg zwar schon 1856 gemacht, aber nicht beschrieben und in seiner Karte mit überaus fehlerhafter Richtung verzeichnet.

berechneten Ziffern finden sich in der Karte längs der roth bezeichneten Routen eingetragen, mit Ausschluss aller nicht als zuverlässig erachteten: so musste vorläufig das südöstliche Lykien einer solchen Zugabe entbehren, weil die auf den Routen durch dasselbe von Benndorf und Niemann gemachten Beobachtungen durch eine unterwegs erfolgte Beschädigung des Instrumentes ihren Werth eingebüsst hatten. Durch ihre Stellung schon unterscheiden sich von den genannten die bei den Küstenaufnahmen approximativ von der See aus gemessenen Gipfel, überdies durch beigesetztes Sp die aus der Sprattschen Karte entlehnten: letztere grossentheils nur in runden Ziffern ausgedrückte Schätzungen, welche bei der Umrechnung in Meter gleichfalls auf ganze oder halbe Hunderte abgerundet wurden. Nicht aufgenommen habe ich von Spratt nur die mit dem Siedeapparate bestimmten Durchschnittswerthe für die beiden inneren Hochebenen, am Aktschai bei Elmaly mit 3600, am oberen Xanthos bei Oinoanda mit 4000 engl. Fuss, also rund 1100 und 1200^m, während die zunächst angestellten Messungen unserer Reisenden je etwa 100^m weniger ergeben. Dass Spratts runde Schätzung des westlichen Akdagh auf 10000 engl. Fuss bis auf ein paar Meter mit der nun durch die erste Ersteigung gefundenen Höhe übereinstimmt, mag immerhin nur ein erfreulicher Zufall sein. Ausserdem besitzen wir innerhalb dieses ganzen Bereiches von Tschihatscheff 16 in Metermaass ausgedrückte Barometerablesungen, schwerlich genau berechnet und nach anderweitigen Beispielen kaum ganz vertrauenswürdig. Zweifelhaft erscheint namentlich die bei *Ören* auf dem Südfusse des Hochgebirges, welches das untere Xanthos-Thal gegen N schliesst, eingetragene Zahl von nur 180^m, verglichen mit der nach zuverlässiger Berechnung schon 170^m betragenden Höhe des Konaks von Düwer, welcher etwa 50^m über demselben Thale, aber nur halb soweit von der Flussmündung entfernt liegt. Ueberhaupt sind nur die mit anderen Messungen nicht collidirenden Ziffern Tschihatscheffs eingetragen, jedoch durch Einschliessung in [...] kenntlich gemacht; nicht aufgenommen habe ich folgende von unseren genaueren Zahlen allzu stark abweichende: Seidler Jaila am oberen Xanthus 1228 nach Tschihatscheff; 1193 nach v. Luschan; Kujulu-Bel 1960 nach Tsch. gleich dem Sattel zwischen Erbel und Gübele 1820, nach v. L., Elmaly 1025 nach Tsch., 1140 nach v. L.. Für letztere Stadt ist allerdings bei ihrer abschüssigen Lage ein Unterschied zwischen gleichwerthigen Ziffern je nach dem besonderen Beobachtungspunkt nicht ausgeschlossen, dürfte jedoch nach Benndorfs Schätzung 50^m nicht leicht übersteigen.

Nomenclatur.

Die antiken Namen tragen durchweg, in Uebereinstimmung mit dem Texte des Werkes, die in den meisten Fällen durch Inschriften oder Münzlegenden gesicherte oder aber auf litterarischen Zeugnissen beruhende griechische Form.

Von den heutigen Namen gehören wenige in der Nähe der Küsten zu Ortschaften mit griechischer Bevölkerung, deren Gepräge sie daher auch tragen.[31]) Vielfach gilt dies auch von solchen im Binnenlande zerstreuten Ortsnamen, welche sich aus dem Alterthum auch im Munde der heutigen türkisch redenden Bewohner mit wenig veränderter Aussprache erhalten haben.[31]) Die weit grösste Zahl der bis

[31]) Es sind innerhalb der lykischen Festlandküste (für die Inseln versteht sich das Griechenthum von selbst) nur folgende von O nach W: *Fineka, Sura, Andraki, Andifilo, Sevedo, Vathy, Kalamaki, Levisi* und *Makri* nebst den zwischen diesen beiden gelegenen Dörfern. Längs der karischen Küste fehlt es noch fast ganz an kritischer Constatirung der wirklich existirenden Namen; von der Landseite ist sie, ausser Newtons flüchtigem und keine topographische Details lieferndem Besuche, noch durch keinen Reisenden durchforscht worden.

[32]) Im Xanthosthale *Minara*, *Arsa* und wohl auch *Mesenis*, auf der südlichen Küstenterrasse *Dembre* (*Temre* = τά Μύρα), *Margaz* (?), *Fellen, Tirmissini, Tyssa*; im Thale von Kasch *Gendowa* und *Ernez*; auf dem inneren Hochlande *Gjómbe, Podalia, Dermil* und vielleicht *Pirnaz* (beide letzte wenigstens sicher nicht türkisch); aus dem Mittelalter wird hier das zweimal vorkommende *Aivasil* d. i. Hagios Basileios herrühren. Auch ein paar nicht ihrer Lage nach, nur aus türkischen Ortsverzeich-

jetzt ermittelten Ortsnamen, sowie sämmtliche Berg- und Flussnamen sind erst mit oder nach der türkischen Eroberung entstanden und grösstentheils in diesem Idiom verständlich, nur dass ihre Bedeutung mitunter, sowohl durch nachlässige dialektische Aussprache der illitteraten Bevölkerung,³³) als durch· ungenaue Auffassung und Wiedergabe Seitens der europäischen Berichterstatter bis zur Unkenntlichkeit verwischt ist.³⁴) Eine die gebildete türkische Aussprache wiedergebende Transcription, welche sich gerade ebenso, wie in europäischen Culturländern, für den litterarischen Gebrauch, also auch für die Karten, mehr eignet, als die volksthümlichen Entstellungen, fusst natürlich am besten auf schriftlicher Ueberlieferung durch sachkundige Einheimische, wie es leider die Beamten der hohen Pforte nur

---

nissen bekannte Namen, wie *Alianos* und *Alasin* scheinen älteren, als türkischen Ursprung zu verrathen.

³³) So haben z. B. unsere österreichischen Reisenden das sehr häufig auch in Ortsnamen begegnende Wort *bunár* (literarisch *biñár*, »Quelle«) von den lykischen Bauern meist *muar*, das Wort *aghatsch* »Baum« gewöhnlich zusammengezogen *átsch* aussprechen hören; auch zu Ende wird der schwache Gutturalhauch kaum gehört, so dass *da, ba,* für *dágh,* Berg, *bágh* Garten verstanden wird; für dieselbe Auffassung des Lautes zeugt vielfach Schönborns Schreibweise.

³⁴) Das ausserordentlichste in solcher Wort- und Schriftverstümmelung haben natürlich die Engländer geleistet, zumal Fellows, dessen Schreibweisen wie *Cagiolasolhucooe, Karachewfarthers, Sarçarkee, Satala, Hoorahn, Acruicnoe, Yoomahoodas, Carreuke, Yakabolyer* u. a. dgl. das richtige Hadji-Illis (ulukjói), Karadjulfa, Sasakjói, Seïdler, Ören, Achyrkjói, Jaghmurtasch, Karahûjûk, Jakábagha (letzteres bei Hoskyn anders entstellt in *Kakahah*!) zu erkennen auch dem Sprachkundigen schwer genug machen. Von den Seemännern Hoskyn und Spratt verlangt natürlich niemand besondere philologische Kenntniss der Landessprache; ihre Transcriptionsversuche fallen daher auch kaum glücklicher aus: mit echt englischer Indifferenz gegen den in der Aussprache gewöhnlich verschluckten Laut *r* sind in Spratts Buche allbekannte türkische Worte wie *kiaja* (eigentl. *ketchoda,* Hausherr), *oda* (Zimmer), *tekke* (Kloster), *kassaba* (Städtchen) in *Kiar, Odoor, Tekair, Kassabar,* Personennamen wie *Musa* (Moses) in *Moosar* verwandelt, während umgekehrt Fellows statt des richtigen *hissár* (Schloss, Burg) immer *hissa* schreibt; ähnliches müssen sich Ortsnamen in Buch und Karte gefallen lassen, wovon das unten folgende Ortsverzeichniss weitere Beispiele gibt.

zum kleineren Theile sind. Die von solchen für Verwaltungszwecke geführten Ortslisten enthalten freilich nur einen Theil des gesammten Namenschatzes, nämlich nur diejenigen bewohnten Ortschaften, welche als besondere Gemeinden gelten, nicht aber zahlreiche besonders benannte Fractionen derselben, noch weniger die für historische und archaeologische Zwecke hochwichtigen Eigennamen der zahlreichen Trümmerstätten, natürlich auch keine Berg-, Fluss-, Seenamen.

Ortsnamen und besonders solche aus den officiellen Listen ausgeschlossene Namen nach dem Beispiele mancher Forscher auf syrischem, namentlich palästinischem Boden, durch schreibkundige Einheimische (z. B. Imame) aufzeichnen zu lassen, hat in den uns hier angehenden Gegenden noch kein Reisender versucht. Aber auch die vorhandenen Listen sind nicht so leicht zugänglich, wie ähnliche Actenstücke europäischer Staaten. In den meisten Provinzen existiren sie bis jetzt nur handschriftlich an den Mittelpunkten der Verwaltung und ihre Mittheilung bleibt abhängig vom guten Willen der wechselnden Behörden. Wo sie aber ausnahmsweise in einem der Provincial-»Jahrbücher« (Sálnâme) gedruckt sind, lässt die nachlässige und fehlervolle Ausführung auch neben der Mehrdeutigkeit der arabischen Schriftzeichen noch einen weiten Spielraum für die Conjecturalkritik des europäischen Lesers.

Trotz solcher Uebelstände dürfen wir die Beihilfe, welche uns die fragwürdige osmanische Statistik bietet, nicht ganz unbeachtet lassen: dass einige Belehrung, stellenweise selbst Berichtigung anderweitiger Namenaufzeichnungen, jedenfalls aber Material für fernere Nachforschungen daraus zu schöpfen ist, habe ich aus der Vergleichung eines solchen Actenstückes gelernt, das mir ein günstiger Zufall zugeführt hat. Es ist ein Sálnâme des Wilájet Kônia, [35]) welches

---

[35]) Der mir vorliegende, leidlich ausgeführte, wenn auch nicht überall deutlich lesbare lithographische Druck trägt das etwas versteckte Datum 1290 d. H. (= 1873/74). Die Mittheilung dieses seltenen, nur durch eine zufällige Gelegenheit erworbenen Büchleins, so wie mehrerer ähnlicher, verdanke ich der Güte eines jüngern Freundes im Oriente, des Herrn Dr Hartmann, Kanzlers des k. Deutschen Consulats in Beirut.

sich vor den meisten ähnlichen Provincialhandbüchern durch ein vollständiges Ortschaftsverzeichniss auszeichnet, nach seinen Unterabtheilungen in *Sandjak's* (Provinzen), *Kaʒa's* (Gerichtsbezirken), *Nahies* (Districten) geordnet und neben den Ortsnamen sogar die angebliche, in vielen Fällen allerdings überaus unwahrscheinliche Häuser- und Seelenzahl enthaltend. Eine Uebersetzung dieses Verzeichnisses, soweit es in die grössere Hälfte unserer Karte fällt, schien mir daher im Interesse fernerer Untersuchungen dieses Landes nicht ganz überflüssig; ich habe nicht einmal angestanden, darin auch die wenig Raum beanspruchenden Ziffern, so geringe Autorität ich ihnen auch beimessen möchte, wiederzugeben.

Die Beschaffenheit des diesem Schriftstück zu Grunde liegenden Alphabets bedingte hier eine wesentlich verschiedene Transcription gegenüber der in der Karte in Anwendung gebrachten Schreibweise. Diese folgt, möglichst sich der Ueberlieferung der deutschen Reisenden anschliessend, im grossen und ganzen der deutschen Aussprache, behält also auch statt des engl.-franz. *y* und *kh* das deutsche *j* und *ch* (dieses ausschliesslich für den harten Kehllaut, den es im Deutschen nach a, o, u hat) bei und fügt letzterem als ähnlichen, aber schwächeren Kehlbuchstaben das bei uns nur in Dialekt-Aussprache vorkommende guttural-aspirirte g, ausgedrückt durch *gh*, hinzu. Eigentliche Abweichungen betreffen unter den Consonanten nur die Zischlaute, deren qualitative Unterscheidung nicht nur unserem deutschen Ohre schwerer fällt, als den meisten anderen Europäern, (so dass in manchen nur mit dem Gehör aufgenommenen Namen Verwechslungen wohl vorkommen können), für deren Ausdruck aber auch unser Schreibgebrauch unbequemer Weise dem der Engländer, Franzosen, Holländer, Slaven, Griechen geradezu entgegengesetzt ist und zu Umschreibungen wie *β* oder *fs* nöthigt. Um diesen zu entgehen, habe ich — wie in allen meinen Karten fremdsprachiger Gebiete — vorgezogen, in Uebereinstimmung mit jenen anderen europäischen Sprachen und mit allgemein linguistischem Gebrauche einfaches *s* nur für den scharfen, *ʒ* für den weichen Laut (unser deutsches s zu Anfang der Silbe) zu verwenden, ferner auch für den unserer Sprache fehlenden und daher gewöhnlich in unseren Büchern ungenau, mit zu scharfer Markirung des Zischlautes, durch *dsch* wiedergegebenen Laut des englischen *j* die französische Bezeichnungsweise *dj* beizubehalten. Unter den Vocalen fehlt uns, wie den meisten europäischen Sprachen (ausser den slavischen) der nach dem türkischen Gesetze der Vocalharmonie zu der harten Classe (neben a, o, u) gerechnete, dem weichen i gegenüberstehende, auch in der Schrift meist durch i ausgedrückte dumpfe Halbvocal, den ich nach dem Vorgange anderer Linguisten durch das einzige verfügbare, wenn auch nicht völlig entsprechende Zeichen *y* kenntlich gemacht habe.

In der Umschreibung des türkischen Textes dagegen, dessen Undeutlichkeit des Druckes stellenweise einen oder mehrere Consonanten, besonders aber die Aussprache zahlreicher ungeschriebener Vocale zweifelhaft lässt, kam es darauf an, dem Original möglichst buchstäblich zu folgen: es erschien mir daher richtiger, jedes Zeichen des arabischen Alphabets, auch da wo seine specielle Nuance in dem einfacheren Consonantismus des Türkischen von ähnlichen nicht unterschieden wird, durch ein besonderes Zeichen der Umschrift wiederzugeben. Geschehen konnte dies am leichtesten durch die schon von westslavischem und allgemein linguistischem Schriftgebrauch vielen Lesern geläufigen differenzirten Buchstaben: also š, č, ǧ für *sch, tsch, dj* der Karte. Dagegen für die oben charakterisirten Gutturallaute *ch* und *gh* das Doppelzeichen beizubehalten erschien nothwendig wegen der Fremdartigkeit der dafür von Linguisten, wie Lepsius, eingeführten einfachen, dem griechischen Alphabete entlehnten Zeichen χ und γ.[36])

---

[36]) Zwei diesen zunächst stehende, nur durch das feinere arabische Ohr unterschiedene Hauchlaute *ḥa* und *'ain* kommen auf unserem Felde nur in gewöhnlichen arabischen Personennamen vor, mit denen Ortsnamen gebildet sind, wie *Maḥmúd, Aḥmed, Ḥasan, 'Ali, 'Osmán*; sie sind dann in der hier angedeuteten Weise, das schärfere *h* durch untergesetzten Punkt, der leise Gutturalhauch *'ain* durch den Spiritus ' bezeichnet.

Die sogenannte emphatische Classe von Consonanten hat im Türkischen nicht sowohl den Zweck, die besondere Nuance der feineren arabischen Aussprache zu bezeichnen, als der mangelhaften Vocalisirung zur Stütze zu dienen, namentlich mit der harten Vocalreihe *a, y, o, u* in Verbindung zu treten, während die entsprechenden einfachen Consonanten gewöhnlich die weichen Vocale *e, i, ö, ü* neben sich haben. Demzufolge musste auch unsere Umschrift jene consonantischen Unterschiede zwischen einfachem scharfem *s* und noch schärferem *ç*, zwischen *t* und *ṭ*, zwischen *k* und *ḳ* oder *q* bezeichnen. Doch macht die türkische Aussprache dieser westlichen Länder insofern einen Unterschied, als sie ursprünglich hartes und in den türkischen Dialekten Inncrasiens noch so gesprochenes *ṭ* in vielen Wörtern in *d* erweicht, z. B. geschriebenes *ṭâgh* Berg, *ṭâsch* Stein, *ṭâm* Estrich, nicht anders als *dagh, dasch, dam* hören lässt.[37] Ebenso erweicht sie das hier als einfaches *k* in der Transcription beibehaltene *kef* und das davon (wegen Mangels des entsprechenden Lautes im Arabischen) in der Schrift gar nicht unterschiedene *gef* regelmässig durch ein nachtönendes kurzes *i*, was in unserer Karte durch *kj, gj* ausgedrückt erscheint.[38] Mit demselben, nicht einmal nach der grammatischen Vorschrift durch Punkte differenzirten Zeichen wird endlich ein Nasalton, das sog. Saghyr-nûn geschrieben, den unsere Umschrift, wo er bei der nachlässigen Ausführung des Originals überhaupt zu constatiren ist, vom einfachen nûn durch einen Accent — *ñ* — unterscheidet.

Die Stelle der im Originale nach orientalischer Sitte nur ausnahmsweise, nicht einmal in jeder Stammsilbe geschriebenen Vocalbuchstaben vertritt in der Umschrift

---

[37] Denselben Lautübergang innerhalb der weicheren Consonantenklasse bezeichnet die Gewohnheit, das in Ortsnamen häufig vorkommende, jetzt allgemein *demír* ausgesprochene Wort für »Eisen« der älteren Aussprache gemäss regelmässig *timúr* zu schreiben.

[38] Zwischen zwei Vocalen pflegt dieser Laut dann zu einfachem *j* oder *i* erweicht zu werden, oder ganz zu schwinden, z. B. *dejirmén, deïrmén, dermén* »Mühle«, in der Schrift: *dkrmn*.

der Circumflex über dem entsprechenden Vocal; derselbe bezeichnet hier also nicht die dem türkischen Lautsystem überhaupt ziemlich gleichgültige Quantität, sondern nur die Zugehörigkeit eines bestimmten der drei in der arabischen Schrift ausgedrückten Vocale[39]) zu der betreffenden Silbe. Als gesichert können davon allerdings nur *â* und *î* (resp. das durch dasselbe Zeichen *i* ausgedrückte dumpfe *y*) gelten, während zwischen *o*, *u*, *ö* und *ü*, resp. dem zwischen Vocalen sehr weich gesprochenem *w*, für welche alle die Schrift nur ein einziges Zeichen hat, die nur dem Ohre wahrnehmbare Entscheidung oft schwankend bleiben muss.[40]) Wo demnach die Aussprache vocallos geschriebener Silben nicht durch Analogie oder aus der bekannten Aussprache der in der Zusammensetzung von Ortsnamen gewöhnlich vorkommenden türkischen Wörter zu ermitteln war, habe ich sie nur nach Wahrscheinlichkeit durch kleinere Typen angedeutet.

Solche Unsicherheit der Lesung dürfte sich jedoch bei gutem und sorgfältig corrigirtem Typendrucke nicht auch auf viele Consonanten erstrecken, wie es in dem stellenweise sehr undeutlichen lithographischen Drucke leider der Fall ist. Durch offenbare Schreibfehler der unwissenden Beamten sind nicht nur ähnliche Zeichen öfters mit einander verwechselt (z. B das für *â* mit dem für *l*, *d* bald mit *l*, bald *r*, dieses wieder mit *u* oder *w*), sondern auch die zur einzigen Unterscheidung mehrdeutiger Zeichen dienenden einfachen, doppelten, dreifachen diakritischen Punkte bald mit einander verwechselt, bald falsch gestellt, mitunter auch ganz weggelassen (z. B. in *b*, *p*, *j* oder *î* — *n*, *t* — *f*, *q* — *r*, *z* — *k*, *g*, *ñ*); nothwendig wird dadurch die Lesung überall

---

[39]) Dazu gehört gewissermaassen auch das schwache *h* (he) welches unsere Transcription überall nicht besonders schreibt, wo es zu Ende der Silbe nur als Vocalstütze für *e* (zuweilen auch *a*) dient.

[40]) Die vor zwanzig Jahren in den allgemeinen Reichs-Sâlnâmes versuchsweise eingeführte Vocalisirung, namentlich auch Unterscheidung des *o*, *u*, *ö*, *ü* durch besondere Vocalzeichen wurde bedauerlicher Weise bald wieder fallen gelassen, findet sich wenigstens in keinem der neueren Jahrbücher mehr angewendet.

da zweifelhaft, wo nicht der ungefähre Klang aus anderer, zumal europäischer Quelle schon bekannt ist. So rechtfertigen sich unsere aus der Unmöglichkeit der Entscheidung hervorgegangenen Fragezeichen, welche von späterer Erkundigung an Ort und Stelle ihre Erledigung erwarten.

Die Tabelle lässt die sowohl der Namensform wie der Lage nach erst zu constatirenden Objecte durch die leeren Stellen in der letzten Columne erkennen, während für die viel zahlreicheren bereits verificirten Orte der Texttranscription die von den verschiedenen europäischen Autoritäten überlieferten Formen in ihrer Originalschreibart (nur die russische in deutsche umschrieben) gegenübergestellt sind. Die Autornamen selbst sind durch ihre Anfangsbuchstaben ausreichend bezeichnet; sie folgen hier zu leichterer Auffindung alphabetisch:

Benndorf
Corancez (s. S. 22 Note 21)
Davis
Fellows
Hoskyn
Löwy
Luschan
Petersen
Ramsay (s. S. 22 Note 21),
Ross
Schönborn
Seiff
Spratt
Texier
Tschihatscheff
Wrontschenko.

Ein einem solchen Citate beigefügtes Fragezeichen soll nur die Vergleichung des betreffenden Namens aus europäischer Quelle mit dem voranstehenden des officiellen Textes als zweifelhaft bezeichnen.

ORTSCHAFTS-VERZEICHNISS

Die vor den Namen stehenden Ziffern sollen die Entfernung vom resp. Hauptorte des Kaza's (selbstverständlich in Stunden, wiewohl dies im türkischen Texte nicht gesagt ist) ausdrücken; nur bei den Ortschaften der Nahie *Istánús* sind von diesem Ort selbst, nicht vom Kaza-Hauptort Adalia, und im letzten Abschnitt, N. *Gjölhiçár* ausnahmsweise von beiden Punkten, Kazá und Nahie-Hauptort, die Distanzen gemessen.

SANDJAK TEKKE [1]

St.		Häuser	Seelen	
	Tekke-Qaçabasi	2331	4967	(Adalia)
2	Čâqirlar	105	222	Tschakirla B. Tschariklar Sch.
3	Jamanlî	40	106	Djamily Sch.?
4	Chûrma	45	100	Gurma B. Goormah Sp.
3	Begdjî	14	37	
9	Hiçâr	50	150	
2	Bârbâš mit Čand^lrî	42	159	Tschandyr B. Tchandeer Sp.
5	Ṭûbrân	49	148	
6	Geik-bâïri	—	66	Gjedeker B. ??
6	Šurfâ-ed-dîn	17	48	
2	Ušâghi-Qaramân	—	190	Karaman Sp. Sch.
2	Dûr-'alîlar	24	62	Doorallah Sp.
6	Bâghǧe	20	52	Bidjiklü Sch.?
6	Čighliq	36	115	Tchiglik Sp.

[1] Darunter ist hier, ohne dass es ausdrücklich wiederholt wird, zugleich der besondere Gerichtsbezirk (Kazá) der Hauptstadt von Tekke, nämlich *Adalia* zu verstehen, welchen althistorischen Namen das officielle Document völlig ignorirt und durch den des Gebietes (mittelalterlichen Stammfürstenthumes) »*Stadt (Kassaba) von Tekke*« ersetzt. Wir haben aus der Liste dieses Kaza die sechs ersten und 14 letzten Namen weggelassen, da sie wohl alle östlich von der Stadt, also ausserhalb des Randes unserer Karte zu suchen sind.

— 38 —

Nâhie Istânòs [2]) Estenas Cor. Istenás Sch. Lö.
 Istenaz Wr. Tch. Stenez
 Sp. Istános Ra.

St. N.		Häuser	Seelen	
	Qiäla	98	280	Güschler Sch.
1	Gharmalik (? Gharchalik?)	22	70	Karkalyk Wr.?
1	Mîrachôr	13	49	
1	S^eglū	22	31	
1	Aq-klîsà	26	64	
1	Kûzâr? (Közár?)	8	28	
3	Zîwend	66	200	Siwend Sch. Zivint Ra.
3	Jalnân? (Jaltân?)	74	173	Jelkenkjöi Sch. Yelten Ra.
4	Andia	36	221	Andia Sch. Ra.
4	B^el^enk	27	79	Belenkjöi Sch. Ra.
4	F^ughla?[3])	127	400	Fulla Sch. Fugla Ra.
5	Ürgütlü	49	112	Ürgüdlü Sch.
15	Ithân?[4])	46	89	
15	ʿAzîme?[4])	41	132	
15	L^ew^e? (Luwa)?[4])	43	110	Juwa Wr. Ra.?
7	Čuqûrğa	26	60	Tschukurdja Sch.
7	Lejlek	26	82	Leilekkioi Wr. Ra.
7	Jaqa	20	85	Jakakioi Wr.
7	Qaraqujù	64	165	

[2]) Man erwartet hier statistische Ziffern für die bedeutende Ortschaft, welche dem Bezirke den Namen gibt und auf der Karte hervorgehoben ist; dieselbe besteht indess nur aus Gärten und Villen, welche den Einwohnern von Adalia als gewöhnliche Sommerfrische dienen und in der übrigen Jahreszeit bleibt nur die vorzugsweise *Kyschla* d. i. Winterdorf genannte Ortschaft bewohnt, welche auch in der Liste durch das Fehlen einer Distanzziffer als Hauptort der Nahie bezeichnet ist.

[3]) So die wahrscheinlichste Lesung des undeutlich geschriebenen Namens, entsprechend der von Ramsay gehörten, dem antiken Πώγλα völlig entsprechenden Aussprache *Fughla*, mit irriger Verdoppelung des ersten Differenzierungspunktes (*qghlh* oder *gflh* statt des richtigen *fghlh*).

[4]) Die zu diesen drei Namen gesetzte deutliche Distanzziffer 15 des Originaltextes kann natürlich nur Schreibfehler statt 5 sein.

— 39 —

St.		Häuser	Seelen	
5	Câl-kenâr⁵)	25	185	Tschaikenerli Wr. Tschaikemer Sch. Tschaikanär Ra.
4	Köseler	21	59	Kiuseler Wr.
3½	Qarataš	30	52	Karadag Wr.
3	Kemer-aghzî⁶)	26	168	Kemer-aksu Sch. Kameroglu Wr. Kemer-aghzi Ra.
8	Gharghin	35	242	Garkün Sch.
2	Jâliñlî seghîr⁷)	55	263	} Yalinglee Sp. D. Galinli Sf. (S. 22 Note 19)
5	— kebîr⁷)	58	200	
7	Mªhânlar	33	260	Manai P. Manni Sp.
8	'Othmân Chalîfalar	12	45	Osman Kalfalar P. Osemankalfeler Sp. Osman Telfeler Ra.
8	Mâi?	13	249	
2	Dere	18	111	Dereköi Sch. Derakkoï (verdruckt Roï!) Cor.
2	Sülekler⁸)	44	143	Suletler Wr. Süretler Sch. Sudaklar Ra.
5	Tâškesîki	37	197	Tashkesse Ra.
5	Jelme	17	50	Yeleme Ra.
8	Čªbûghalar	138	442	
2	Cªnâd	13	36	
4	Begeš⁹)	52	179	Begisch Wr. Bayesh Sp. Betsch Sf.

⁵) Deutlich so geschrieben und doch gegenüber der Einstimmigkeit von drei Ohrenzeugen nur Schreibfehler (*l* statt *j*), um so leichter, da auch *tschâl* ein oft in Ortsnamen vorkommendes türkisches Wort ist.

⁶) Zwar steht im türkischen Texte deutlich *Kir-aghzi*, aber *i* (*j*) kann nur Schreibfehler statt des ähnlichen *m* sein, da drei Europäer übereinstimmend so gehört haben.

⁷) Diese arabischen Beiwörter statt der gleichbedeutenden echt türkischen, vom Volke allein gebrauchten und dem Namen vorgesetzten *kütschük* und *böjük* für »klein« und »gross« sind eine gewöhnliche Ziererei des türkischen Amtsstils.

⁸) Sehr deutlich so geschrieben und zu zwei europäischen Umschreibungen nahe stimmend, während Ramsay ebenso bestimmt behauptet, an Ort und Stelle wiederholt deutlich *Sudaklar* gehört zu haben.

⁹) Ohne die dreifache Autorität für anlautendes *b* würde man im Originaltexte vielmehr *j* (gleiches Zeichen, nur mit zwei Punkten statt des einen des *b*) lesen.

St.	Häuser	Seelen	
4 S⁽ᵉ⁾mând⁽ᵉ⁾r	25	85	
3 Awdân ¹⁰)	33	201	Awdan P.
5 Îmegik	78	246	Imedjik B. Emedjik P. Inedjik D. Sf.
5 Qarabâîr	47	154	Karabayeer Sp. Karabair B.
2½ Bajât	34	70	
1½ Gördek	11	25	
3 Šâṭ⁽ᵃ⁾r (?)	83	294	
3 Qaradekîn	10	25	
3 Fahrâ-ed-dîn seghîr	114	402	Alifaradin Sch. Ra. P. Lu.
7 Fahrâ-ed-dîn kebîr ¹¹)	104	315	Böjük Alifaradin Ra. B. Alifarydag Wr.

KAḌÂ ALMÂLÛ ¹²)

Almâlû Qaçabasi	782	2256	Almalee F. H. Sp. Almalü Sch. Elmaly Tch. B. P. Lu. Lö.
2½ Qizilǧa	33	151	Kizilja H. Kyzyldja (-dagh) Lö.
2½ Jaliniz-ṭâm ¹³)	25	94	Jaliniz dab P. Yaliniz dagh Tch.
2½ Çâlûr	21	65	Salýr P. Sahteer Sp.

---

¹⁰) Ebenso der dritte Buchstabe im Original deutlich r statt des nach Benndorf und Petersen unzweifelhaft. richtigen d.

¹¹) Vgl. Note 7. Das Fehlen des nach einstimmigem Zeugnisse der Reisenden in der Volkssprache beibehaltenen Namens ʿAli im officiellen Texte darf nicht auffallen.

¹²) Kaḍá ist officielle arabische Orthographie, Kaẓá, wie ich sonst überall schreibe, allgemeine türkische Aussprache. Der Anfangsvocal im Namen wird nach mündlicher Mittheilung des Kaimmakams an Benndorf richtiger a gesprochen und ist auch von den älteren Reisenden so aufgefasst worden; Elmalý, welches Tschihatscheff für correcte Orthographie erklärt hat, soll vielmehr Volksaussprache sein, wie auch das Stammwort, wovon es die Adjectivform ist, gewöhnlich elma (»Apfel«) gesprochen wird.

¹³) ṭám vulgar ausgesprochen dám »Tenne, Estrich« ist unzweifelhaft die richtige Lesart; jaliniẓ heisst »einzeln«.

— 41 —

St.		Häuser	Seelen	
1½	Baj²ndîr	42	159	Baïndyr Sch. Sf. P.
2	Çûsânṭa?	42	159	Tschobansa Sch. Tchi. Wr. Sf. B. [14])
4	Ġufûn	28	114	Tschümen Sch. Tschun Lu. Tchuhun Tchi. Tschufun Wr. •
4	Dere	8	35	Dirakona B.?
4	Qarakjöi	24	72	Karakjöi B. P.
5	Gilewgî [15])	34	142	Kilasgi Wr. Dilewlu Tch. Gilewji B. Gilewgi P. Lu.
2½	Aljâghî? Iḷâghî?	14	9	Illaha Tchi. Illa P. Lu.
6	Muğrân	65	275	Müren B. Mürre Sf. (Jüren Wr.)
1½	Owağiq	34	149	Owadjyk Sch. P.
2¼	Šᵉbûk? (Šᵃbûñ?) [16])	95	229	Samûn B. Sf. Samuine Sch. Sammun Sf. (Samary Sp.)?
1	Keğmân?	9	33	
2¼	Sⁱrkⁱz	20	84	Sirkiz P.
1	Aiwâsil [17])	24	84	Aï-Wasil P.
1½	Sögle	30	104	Söjle P.
1½	Ekmer	30	97	Ameer Sp.

[14]) Die correcte Schreibart dieses öfter vorkommenden, gewiss noch aus christlicher Zeit herrührenden Namens ist *Tschobân-'Isa* »Hirt Jesus«.

[15]) Auch hier wird das von mir in die Umschrift hinein corrigirte w gegen das deutliche sehr ähnliche r des Originals (*kirki*) durch die vier europäischen Ohrenzeugen gestützt.

[16]) Den Ziffern des Textes — Entfernungsangabe wie Grössenverhältniss — entspricht von allen in Frage kommenden Orten allein das grösste, wie Benndorf sich ausdrückt »fast stadtähnliche« Dorf in der Mitte der NO von Almaly gelegenen Ebene, dessen gänzliches Fehlen in der officiellen Liste unwahrscheinlicher ist, als eine immerhin starke aber unabweisbare Corruption des Namens durch Nachlässigkeit des Schreibers: jedenfalls müssen in dem anlautenden š statt s (wie a l l e Europäer deutlich gehört haben) die Differenzirungspunkte ein ungehöriger Zusatz sein; ebenso würde man das auslautende n eher durch einfaches nûn als durch das anzunehmende (in der Schrift von k nicht unterschiedene) saghyr-nûn, ñ, ausgedrückt erwarten, wogegen in der Mitte m als Vulgäraussprache für b keine Schwierigkeit macht.

[17]) Wieder im Türkischen verschrieben in *Alwâsil*, *l* statt *j*.

St.	Häuser	Seelen	
1½ Dûdân	19	67	Düdénkjöi Lö.
3 Bûğâq	8	18	Budjak-tschiftlik Lö.
2 Begler	15	47	Baylar Sp. Beiler-Tschiftlik Lö. (Bilerdje Sch.?)
2 Čiftlik	15	52	Jeni-Tschiftlik Lö.?
2 Höseinler	13	51	Prosanar Sp. Prasanlar [18]) Lö.??
2 Çûbâśi	52	129	Subaschi P.
2 Jââzî?	17	50	Jasýr? [19])
3 Tekke	40	109	Tekke P. Tekare Sp.
2 Qaram^uk	41	20	Karamyk P. Karamok Lö.
4 'Awlân	6	3	Avelan F. (See Avlan-gule Sp.) Aulan Lö.
2 Tâwlû	37	112	Taur Sch. Tuoorla Sp.
2 M^urs^al	13	43	Moorsal Sp.
3 Ghùz	6	16	Kooskeuy Sp.
3 Juwa	135	63	Yuvali Hosk.
2⅕ Emerğ^uq?	30	106	Emajik Sp. Umurudjuk P.?
2¼ Esn^ekçâ(!)	43	132	Eskihissar F. Sp. P.
4¼ Qùznâk?	15	63	
4 Kûkî? (Gögü?) [20])	30	133	Kooyoo Sp. Kuyu Tch. Kuju P. Gjuju Wr. (Gjökü Lö.?)
5 Dere	27	95	

[18]) Die Uebereinstimmung zweier Autoritäten (die jüngere vielleicht durch den Vorgänger beeinflusst) scheint mir gegenüber dem ganz untürkischen Klange nicht beweiskräftig genug gegen die allerdings harte Identification mit dem doch wohl correcten Namen des türkischen Textes; ein anderer entfernt ähnlicher findet sich in der Liste nicht.

[19]) Wenn die angegebene Entfernung, 2 St. von Elmaly, nach Analogie der vorangehenden und folgenden Ziffern richtig ist, muss dieses *Jaṯyr* (so wird doch der offenbar im Text verschriebene Name zu lesen sein) von dem gleichnamigen in Benndorfs und Niemanns Route, dessen Lage es eher der Nahie Fineka zuweisen würde, verschieden und vielmehr in der grossen Ebene von Elmaly gelegen sein.

[20]) Letztere Lesart stimmt zu Wrontschenko's Schreibung und ist vielleicht die richtige, da die sonst durch drei Ohrenzeugen nahegelegte Identification mit dem türkischen Worte *quju* »Brunen« durch die ganz abweichende Schreibweise des türkischen Textes ausgeschlossen ist.

St.		Häuser	Seelen	
1	Qišla	26	107	Kyschlaköi Wr. Tchi. P. Gishlar Sp.
1	Ma'mûr	26	7	Mümür P.

Nâhie Qârdiğ[11])

14	Qarachodawerân ??	116	271	Karabook Sp. ??
13	Ghùzma? (Ghùrma?)	30	200	
17	Hâi-aghi ??	38	139	
15	Dere	41	99	Derehkeuy Sp.

Nâhie Igdir

16	Çâriqawâq	48	220	Saraïbagh? Sara-abak Lö.? (Tschukurba Sch.)
29	J^{e}l^{i}k?(Jeleñ?Beleñ?)	34	80	Balintayer F. Sp.?? (vgl. S. 20 N. 16 u. S. 45)
21	Nît^{a}r? (Nait^{a}r?)[22])	18	65	
31	Ulubiñâr[23])	17	43	(Olubunar-su Lö.? Oolooboonar valley Sp.)
27	Tekirowa	21	76	Tekerova Sp. Tekirowa Lö.
37	Aqowa	46	122	Avova Sp.
19	K^{e}rchân?[24])	14	520	Kemer Sp.?

---

[21]) In diesem kleinen Bezirke am Alaghyr-tschai ist ausser dem Hauptnamen, der aber für keine besondere Ortschaft wiederholt wird (falls dieselbe nicht einen Nebennamen führt) und dem letzten Dorfe alles räthselhaft; besonders der vierte Name muss ein Schreibfehler sein (Sachau vermuthet etwa *Chángaghi*), aber die noch wenig bekannte Topographie dieser Gegend gibt nichts entfernt ähnliches an die Hand, wenn es nicht gar aus *Ćalti* (*ć* nur durch Punkte von *h* unterschieden) entstellt ist.

[22]) Ob so oder etwa *Jantar* zu lesen, ist bei der unbestimmten Punktsetzung im Druck nicht zu entscheiden; unter letzterer Voraussetzung an einen anklingenden, aber dann immer noch verschriebenen Namen wie *Janártasch* zu denken, verbietet der Umstand, dass damit nur das bekannte Naturphänomen des »brennenden Steins«, nicht aber eine Ortschaft bezeichnet zu werden scheint.

[23]) Scheint im oberen Thale des danach benannten, von den beiden Europäern passirten Flüsschens zu liegen.

[24]) Zwischen den beiden Zeichen *kr* scheint nachlässiger Weise das gewöhnlich in der Mitte nur als dicker Punkt geschriebene *m* ausgelassen; auch der angegebenen Grösse, Entfernung und örtlichen Reihenfolge entspricht allein *Kemer*.

— 44 —

St.		Häuser	Seelen	
25	Çârûn	22	59	Sooren Sp.
25	Kara-aghâǵ	26	51	
35	Gödân	19	32·	Gödene Sch. Geodana Sp.
35	Qôzdere	15	38	Keosek Sp.?

Nâhie Fineka

12	Bâg-jaqa	54	122	Baghjakasy(mitPronominal-Endung), Theil von Demirdji-kjöi P. Lö.
8	Alâsîn	29	71	(Assaron P.??)
9	Jôzghât	34	76	Jazda P. Lö.
9	Jâliniz .·.	44	115	Jalynyz-kjöi B.
15	Çârîǵa	26	43	
20	Atrasân	24	55	Atrasan Sp. Atrasarny F. Adratchan Tx. Lö.
17	Hâǵi-welîler [15])	9	17	Hadjiwerler Sch. Haggivella Sp. Haggevalleh F.
13	Inǵîr-aghâǵi	17	42	
11	Čawd¹r	12	39	Tchevdeer Sp. Tschandir Lu. Lö.
12	Ǵ⁻lâǵlar [16])	23	65	
14	Hâǵikjöi	35	89	Haskooe F. Haskeuy Sp. Chasköi Lö.?
6	'Âruf	109	280	Aroof Sp. Aruf Sch. B. Lö.
16	Ghâf¹r?	5	13	
6	Alâǵatâgh	31	92	Aladjadagh-kjöi P.
15	Öz teñîz (Üzetgîz?)	19	51	

[15]) Fellows p. 211 nennt eine halbe Stunde SO von diesem Orte ein »grosses Dorf *Eetheree*«, welches ich im Zweifel über die sicher corrupte Namensform in die Karte einzutragen nicht gewagt habe; die Liste bietet wenigstens nichts entfernt entsprechendes: kaum kann der sogleich folgende Name *Indjir* (»Feige«) verglichen werden, auch würde die angegebene Distanz nicht passen.

[16]) Bedeutungsloser Name, statt dessen Sachau mit Correctur des Anfangsbuchstaben durch Weglassung des darunter stehenden Punktes *Hallâǵlar* (»die Wollkrempler«) vermuthet.

— 45 —

St.	Häuser	Seelen	
5 N°z°r?²⁷)	33	207	Balintayer F. Sp.?? (vgl. oben N. Igdir S. 43)
16 Çâlûr	9	18	
9 Irnâz (Ernâz)	41	104	Ernez B. Irnas Sch. Ernaes Sp. Irnesi Tx.
17 Jeniğe	88	20	
14 Ṭᵘrûnlar	25	75	

Nâhie Qâš

3 Qâš (13?)	25	177	Kassaba Tx. Sch. R. Kassabar F. Sp. d. i. die Stadt (sc. des Bezirkes Kasch)
14 Qᵘlle	61	164	
12 Aliânôs (Iliânôs?)	78	217	
12 Kemer	135	426	Kemer B. P. Lö.
6 Aqûrî¹⁸)	11	34	Ahoory Sp.? Aurlik Sch.?
6 Kendowa	27	35	Gendova R. B. Gendever Sp.
11 Asân Ôghlân	25	57	Osegal Sp.?
11 Qizilğa	25	57	Gösölatsch (d. i. Kyzylaghatsch) B. N.?
14 Dere	13	48	(Dere-Tschai B.)
15 Hâği Ôghlân	13	48	Hadjiola B. N. P.
18 Sᵉrᵉt	33	109	Säret B. N. P. Saaret Sp. F. Süret Sch.
14 Bîñârbâšî	7	31	Bunarbaschi Sch. B. Bounarbachi Tx.
3 Čuqûrbâgh	55	190	Tschukurba B. Sch. Tchoukourba Tx. Tzukurbai Ro. Tchookoorbye Sp.
14 Čâwᵃllî	10	33	

¹⁷) Ein Name, dessen correcte Schreibung und gar Aussprache in Ermangelung anderer Zeugnisse nicht zu constatiren ist; er kann immer so stark verschrieben sein, um eine Vergleichung mit dem jedenfalls auch verstümmelten Namen aus englischer Quelle möglich erscheinen zu lassen.

¹⁸) So gesichert durch die europäischen Zeugnisse und den antiken Namen, im türk. Texte sehr deutlich, aber falsch *Knhwh* (*h* statt des ahnlichen *d*) geschrieben.

— 46 —

St.		Häuser	Seelen	
14	Bâj°ndᵘr	41	131	Piandury Sp. türk. Bajándere, griech. Pajandúri B.
15	Bᶜlⁱk (od. Bᶜlᶜñ?)	26	84	
20	Bôghâzğiq	68	133	
18	Qᵃlᵃnǧᵘlî	52	127	
18	Tâûzlî	26	74	
36	Tᶜrmᶜš	23	61	Tirmissini Studn.
36	Qabâqlî	49	222	Kapakly B.
18	Jâwî ⁸⁹)	39	138	Jauu Sch. Ja'û B. P. Yarvoo Sp.
20	Afââr	8	30	Awschar Sch. Lu.
18	Göghre? (Gewre?)	67	112	Gewre Sch. Gewrén B. P.
18	Ahᵃdlî	132	567	Achatly Lu.
18	Çârîlar	36	130	Sarlér Sch. Sarlah Sp. Sarlar B.
24	Körüš (Gürüš)	10	29	Kyrsas B. Kirsis Sch.?
24	Čârlar	8	22	Tscherler Sch. B.
24	Gelemiš ³⁰)	8	36	Gellemén B. (Geldemer P.) Gelamon Sp.
24	Qóğa-tüfenklî	10	80	
24	Mewlûdler?	10	66	Melikler Lö.?
23	Dûrhasanlar	13	36	Durasan B. Sp. Lö.
18	Dîrekᶜnler	13	40	(am Dirkeler-tschai B.)
23	Kübre (Köbre)?	35	92	Kören B. Lö.?
21	Awrân-(Örân)-bâgh	23	41	Ortabagh B.?
24	Qaraṭâgh	45	125	Karadagh Sch. B.
24	Čaqmân	18	59	Tschaman N. P.
32	Temre	59	469	Dembre Sch. B. P. Dembra Sp. = τὰ Μύρα
32	Qûmlî	39	100	Kumlu B.
35	Bemelik	31	144	Bemelik Sch. Baymalik Sp. Beimelik B. Lö.

²⁹) Nach der vollkommen sicheren europäischen Autorität so corrigirt, statt des deutlichen *páwí* des Originals, welches ein Pünktchen zu viel hat (*p* mit drei statt *j* mit zwei Punkten).

³⁰) Die deutliche Endung auf *š* doch gegenüber dem Consensus der Reisenden offenbar nur Schreibfehler statt *n*.

St.		Häuser	Seelen	
24	M^{a}st^{a}rlî[31]).......	14	53	Matyrlý B. N. (Muskar N.?)
24	Küśler.........	25	85	
4	Armúdlar.......	23	59	Armudly P. Lö. Armootlee Sp.
4	Bajâd...........	36	100	Bajád P. Lö. Byat-keuy Sp.
4	Degirmen.......	9	23	Deïrmenkjöi Lö.
4	Aiwağil.........	59	216	Aï-Vasil B. P. Sp.
7	Aqğe-înî[32])......	26	50	Aktchenish Sp. Aktschéemisch Lö. Acsheneseh H. Akdjennik P.

Nâhie Qalqân

18	Qalqân..........	22	45	Kalkan Sch. B.
20	Qiniq...........	22	28	Günik, Künük B. Sch. Koonik F. Sp.
20	Arçâ............	28	52	Arsa Sch. Sp.
20	Qúrijügî........	28	52	
18	Öz.............	53	40	Öz B.
21	Mârghâz........	58	125	Margas Sch.
27	Čawdâr.........	5	115	Tschandir Sch.?
22	Aqlar...........	15	25	(Akler Dagh Sp. Aklar-Dagh B.)
22	Ĝümbürği.......	66	115	
24	Jâghlî-aghâğ.....	55	60	
18	Islâmlar.........	128	255	Slamnarli-dere B.

[31]) Das s steht eben so sicher im Texte,· wie es von Benndorf, Niemann und Luschan n i c h t gehört worden ist.

[32]) So habe ich auf diese Autorität hin in der Karte geschrieben, vielleicht doch mit Unrecht, da der von den Europäern, nur verschiedenartig, gehörte Endconsonant wohl im Türkischen irrig ausgelassen oder in *i* verschrieben sein könnte. — Auffallend, aber auch durch die beigesetzten Entfernungsangaben bestätigt ist die durch die officielle Liste constatirte Zugehörigkeit dieser fünf letzten, am Südrande der Elmaly-Ebene gelegenen Dörfer zum Kaza von Kasch, von dem sie durch die ganze unbewohnte oder doch unangebaute Breite des Susuz-Dagh getrennt sind. Die Auslassung des bedeutenden, der ganzen Lage nach nothwendig in diese Abtheilung gehörigen *Gjömbe* (vielleicht nur Collectivname) erklärt sich, weil dasselbe im Winter gänzlich unbewohnt ist und als blosse Jaila nicht unter die ständigen Ortschaften zählt.

— 48 —

St.		Häuser	Seelen	
10	Bâzirgjân.........	85	259	Bazirgjan-kjöi B. P. Bazeeryan Sp.
20	Sîdek............	52	87	Sidek B. P. Sedek Sp.
20	Gelemiš..........	8	8	Kelemischi B.
11	Furnâz³³)........	23	42	Furnas Sch. B. P. Fornas Sp. Fournos Tx.

Zum SANĞÂQ BÛRDÛR gehörig
QAḌÂ TEFENNÎ³⁴)

N.		Häuser	Seelen	
	Tefennî Qaçabasi..	143	404	Tefené Cor. Tefeni Wr. Tefenü Sch. Tefeny Ra. Terfeneh Sp.
	d. i. Stadt Tefni			
2	Hasan Pâšâ.......	76	230	Hassan Pascha Sch. Ra. Wr.
1	Bairâmlar........	16	44	Bairamly Wr. Baïrler Sch.
1½	Üjük............	21	69	Jük Sch. Gjujuk (d. i. Hüjük) Wr.
1½	Sediâ........... }	21	61	Sedeler Sch. Sedia Ra.
1½	Bîñârbâši....... }			Bunarbaschi Sch. Wr. Ra.
½	Juwalâq..........	21	78	Juwaköi Sch. Djoukovarlak (Collignon)

Nâḥie Gölhiçâr³⁵) Gulehissar Spr.

N. K.				
¼	6 Chôrzùm³⁶).....	613	453	Horzoom Sp. Chorzum Sch. Lu.

³³) Correctur aus *Furnár* des Textes, in welchem der Punkt über dem Endbuchstaben fehlt; die Stundenzahl vorn 11 evidenter Schreibfehler statt 21.

³⁴) *Tefenni* ist, wie ich zu spät für den Druck der Karte bemerkt habe, die correcte (durch Teschdid über dem *n* im türk. Texte bezeichnete) Orthographie. Aus der langen Reihe dieses Kaza sind hier übrigens nur die wenigen innerhalb des Kartenrandes fallenden Orte, deren Lage durch europäisches Zeugniss ermittelt ist, aufgenommen.

³⁵) In diesem Abschnitte sind im türk. Texte ausnahmsweise beide Columnen der Distanzangaben, vom Hauptorte des *Kaẓá* (also *Tefenni*) und von dem der *Nahie* (der nur als Ruine bestehenden »Seeburg« *Gjölhissár*) ausgefüllt; wir unterscheiden sie in den vorangestellten Ziffern durch N. und K.

³⁶) Wieder ein arger, aber zweifelloser Schreibfehler: ç statt des entfernt ähnlichen *ch* und ẓr statt rẓ durch Versetzung des Differen-

N.	K.		Häuser	Seelen	
¼	6	Ulu (köi)	163	370	Oolookeuy Sp. Uluköi Sch.
¼	5	Jamâdî³⁷)	12	19	Yahnadee Sp.
2	7	Ewğîler	43	113	Evjiler Sp.
2	7	(A)çalî	17	52	
4	7	Qiziljaqa	65	133	(Kyzyltasch-dagh Sch.)?
4	8	Dîrmîlî	159	387	Dirmil Sch. Tremeely Sp. Tremil Lu.
3	6	Qûždiî	10	39	Koujvan Sp.?
2	5	Qârghalû	6	19	Karghaly Sch.
3	5	Hiçârardî	17	34	Assarardi Sch.
3	4	Ulubîñâr	18	47	Ulubunar Sch.
3	5	Bâjᵃndᵘr	52	171	Baindir Sch. Piandeer Sp.
5	6	Qôz-aghâčî	123	272	Kossatsch Sch. Koz-aghatsch P.
6	6	Înârǧik	44	184	
5	6	Qizillar	32	82	Kyzyl-allular P. Lu.
3	7	Jâzîr	33	113	Jasir Sch. Yazeer Sp.
5	7	Sögûd	59	193	Sooood Sp. (sic!) Sourt Sch. Sf. Sugud Lu. Sögüd P
5	7	Delkere	162	590	Deköi Sch.
5	4	Qaraköi	62	183	
4	4	Čawdîr	39	93	Tchevdeer Sp.
3	4	Qajâǧik	24	43	Güidjik Sch. Kayadjik Ra.
2	4	Isḥâq	4	7	
2	4	Böjük Aghlân	49	100	} Agelan Sch. Agylan Wr.
2¼	4	Küčük Aghlân	39	104	} Alankeui Ra.
3	5	Čâm	55	152	Tschamköi Sch. Wr. Ra.
1	6	Jûsufǧa	119	382	Jussuftscha Sch.
1	4	Côrqûn	14	27	Sorkoon Sp. Sargiköi Sf.
1	—	Jamâdi Čiftlik	10	16	(s. oben)

zirungspunktes. Die neben der Seelenzahl dieses Ortes ganz unmögliche Häuserzahl ist ein schlagender Beweis von der Elendigkeit dieser türkischen Art von Statistik: es ist die gedankenlose Wiederholung einer gar nicht hierhergehörigen, in der Liste unmittelbar vorangehenden Ziffer, welche die Summe eines ganz andern Kaza's repräsentirt!

³⁷) Auf Spratts Autorität aus dem *jamáwi* des Textes, (*w* statt des ähnlichen *d*) emendirt; derselbe Name wird weiter unten richtig wiederholt.

4

N. K.		Häuser	Seelen	
4	2 Beg............	148	449	Beiköi Ra.
7	2 Čâilî...........	19	69	
2	1¼ Juwa...........	18	40	Yuva Ra.
7	2 Ewregil?(Öregel?)	90	43	
6	2 Jûnâq..........	43	103	Binak Ra.?
5	6 Qaramûsa......	5	20	
5	6 Čuqur.........	14	33	
1¼	5 Qarabînâr......	5	13	

Dieses Verzeichniss reicht mithin bis zu der (damaligen) Westgrenze des zum Wilâjet von Kônia gehörigen Sandjaks Tekke am Eschén-tschai (dem alten Xanthos) und einer ungefähren nördlichen Fortsetzung dieser Linie, d. h. es deckt sich etwa mit der östlichen Hälfte unserer Karte. Die in der Westhälfte dargestellte Landschaft untersteht dem gegenwärtig den südlichsten Theil des Wilâjets Aïdin bildenden Sandjak Mentesche. Auch dieses ist, wie Tekke, ein in die erste Zeit der türkischen Eroberung zurückreichender Name, damals einer selbständigen Fürstendynastie, und es hat sich auch in der neuen Provinzialordnung im grossen und ganzen mit dem alten Gebiete erhalten, jedoch neuerdings durch Hinzuziehung der Nahien Qâlqân und Gölhiçâr eine kleine Erweiterung nach Osten über das ganze Xanthosthal und einen oberen Theil des Gerenis-Tschai-(Indos-) Thales erfahren, wodurch zugleich die Hauptgrenze der beiden Wilâjets verschoben wurde. Ich lerne dies aus dem kürzlich in neuer Ausgabe (Datum 1301 d. H. = 1884) erschienenen Sâlnâme des Wilâjet Aïdîn, welches mein Freund Dr. C. Humann in Smyrna mir zuzusenden die Güte gehabt hat. Leider enthält dasselbe kein Ortschaftsverzeichniss, wodurch die Fortsetzung der Ortsnamenvergleichung für diesen Theil unserer Karte abgeschnitten ist, dagegen eine zwar nicht sehr detaillirte, jedoch für orientalische Verhältnisse ausreichende Grenzbezeichnung der fünf zu Aïdîn gehörigen Sandjake auf ebenso viel lithographirten, nur theilweise in der Schrift recht undeutlich ausgefallenen Kärtchen. Im Maasstabe von 1 : 500.000 entworfen, natürlich auf Grundlage europäischer Arbeiten (das Buch selbst gibt darüber keinerlei Auskunft) hätte diese Karte von Mentesche Raum genug für eine recht vollständige Ortschaftsreihe und sieht dennoch ziemlich leer aus, da sie keine weiteren Namen, sogar noch ein paar weniger enthält, als meine provisorischen autographisch gedruckten Skizzen von Karien und Lykien in 1 : 400.000 (s. S. 1), von denen also wohl ein Exemplar den Weg in die Bureaus des Wali zu Smyrna gefunden haben und als gute Prise behandelt worden sein muss: verräth sich doch auch die Quelle deutlich genug durch die in der türkischen Copie etwas ungeschickt gehandhabte Manier der Terrainskizzirung und durch einzelne, nur aus der Aehnlichkeit lateinischer, nicht arabischer, Buchstaben erklärliche Verwechselungen. [1]) Die türkisch geschriebenen Namen sind daher wahrscheinlich auch einfach Rückübersetzungen aus meiner Karte und ohne jeden selbständigen Werth, während eine Vervollständigung auf Grund der officiellen Ortslisten allerdings einen solchen beansprucht haben würde. Eine Aufzählung der orthographischen Abweichungen scheint daher kaum der Mühe zu lohnen. [2])

---

[1]) Ein arges Versehen des türkischen Copisten ist dadurch untergelaufen, dass die zuerst 1881 von Benndorf und Niemann recognoscirten oberen Thäler des nach W und N zum Maeander gehenden Ak-tschai und des Möndewe-tschai mit ihren Dörfern von Gonzlar bis Medjid die verkehrte Richtung nach Osten als Nebenthal des Dalaman-tschai erhalten haben. Einen ferneren Beweis des Mangels an aller Kritik gibt die Beibehaltung der falschen Lage der Hauptstadt Mughla aus älteren Karten statt meiner berichtigten Ansetzung (oben S. 27); entsprechend sind natürlich auch alle umgebenden Ortslagen verschoben.

[2]) Um Rectificationen durch künftige Reisende zu erleichtern, mögen sie gleichwohl hier verzeichnet werden: Im östlichen oberen Xanthosthale (Nâhie Qàlqàn, früher zu Elmaly gehörig) Kebeler und Günesch-burnu (statt Schönborns Gerisburnu). Westlich vom Flusse ist Bajád statt Spratts Piati wohl richtig, dagegen Safá (oder Saqá?)

4*

Orthographische Differenzen

nach vollendetem Druck der Karte bemerkt, zu beliebiger Eintragung in dieselbe:

Almaly gleichwerthig mit Elmaly (s. S. 40, N. 12) Durhassan besser als Durahassan N von Kasch Saraïdjýk übliche Aussprache nach Benndorf st. Seraïdjik der der Karte (NW von Tachtaly-Dagh) Tefenni besser als Tefni, am oberen Rande der Karte (s. S. 48, N. 34).

-kjói st. Sasakjói wohl ebenso Schreibfehler, wie Karadju*fa* st. -dju*lfa*. Bei Makri Qundú*ʒli* «Biberdorf» st. Ködörle sehr zweifelhaft, ebenso südlicher bei Levisi Abochóra und Qalâmáni, entschieden falsch weiter südlich nahe der Küste Feri*t*án st. Fare*la* und Dûdù*qli* st. Do*t*urga. Im unteren Dalamantschaigebiet Gók*ǧe*-kói statt Schöntorns Getschkói wohl richtig, schwerlich dagegen weiter NO Dernek st. Dennek und *Tschatal*dji st. *Tacht*adji; entschieden falsch im obersten Theile dieses Flussthales (Nahie Gólhissar) Qörzûn st. Chorzum (Kibyra). S davon bei Oinoanda steht Urludja, fraglich ob nur auf Hoskyns Autorität (S. 15, N. 11); N davon ist statt Schönborns Sekia (sehr falsch bei Spratt Sarkee) Sókie, mit dem Vocalzeichen o oder u in der ersten Silbe, geschrieben, vielleicht richtig, da diese Namensform auch für einen Ort am Maeander bezeugt ist. Ferner nahe S von Mughla Dömnek (kaum richtig) und statt des von mir, wie ich meinte, deutlich gehörten Gozrukuju, Kyzyljaka, Bozukdere die Formen Gö*ʒli-qüju*, Qi*ʒil-qajá*, Bö*ʒuq-dile*, auch statt des Flussnamens Namnam-Tschai, der mir an Ort und Stelle von Jürüken so ausgesprochen wurde, *Irnamas*, ein Name, der nach Tschihatscheffs Angabe vielmehr einem östlicheren Parallelthal, ebenfalls Zufluss des Sees von Kjöidjigez, zukommen soll.(?) Den Namen dieses Sees und der daran gelegenen Ortschaft, welche zugleich Mittelpunkt einer danach benannten Nahie ist, habe ich hier und in Mughla nicht anders als *Kjöidjigeʒ* aussprechen hören, womit auch *Keugeʒ* bei Graves, *Koogeʒ* bei Fellows, *Kujis* bei Newton, *Kiudjaʒ* bei Wrontschenko, *Koidješ* bei Schönborn und Tschihatscheff hinsichtlich der Endsilbe soweit übereinstimmen, dass Humanns briefliche Erinnerung, jene Aussprache sei unrichtig und durch Gjöidjinez zu ersetzen, wohl nur auf einem Irrthum der des Landes selbst unkundigen Smyrnaer Behörden, veranlasst durch häufige Verwechslung des nachlassiger Weise gleich geschriebenen g und ñ beruhen kann. Doch verdient dieser Punkt immerhin eine Nachfrage an Ort und Stelle.